hsin, "cuore-mente"

amos q

Etnografia Sciamanica Performativa

Breviario poetico per ricercatori erranti

SBN 978-1-326-99838-7

INDICE

Etnografia Sciamanica Performativa
Breviario poetico per ricercatori erranti

a R.A.B.
senza i quali nulla
avrebbe il senso che ha

PREMESSA

Mi abbandono alla convinzione fiduciosa
che il mio conoscere è una piccola parte di
un più ampio conoscere integrato che
tiene unita l'intera biosfera
(Gregory Bateson)

Ciò che segue è una vera e propria premessa poiché è stata scritta prima ancora di scrivere il resto.

Etnografia Sciamanica Performativa è un libro destinato, anzi pre-destinato, a deludere i suoi lettori poiché nessuno vi troverà quello che cerca o quello che si aspetta.

Sarà certamente una delusione per lo studioso, antropologo-etnografo, incuriosito dalle prospettive di una nuova metodologia.

Sarà una delusione per il performer-danzatore, poiché non vi troverà nessuno spunto per nuove sperimentazioni.

E soprattutto deluderà i cosiddetti «nuovi sciamani», versione occidentale e sbiadita degli «anziani di tradizione», che non vi troveranno nulla, ma davvero nulla, di sciamanico, soprattutto nel suo senso più new-age.

Ma tutte e tre queste figure sono qui riconnesse in chiave eretica.

Già in passato avevo avvertito l'urgenza di suggerirne le possibili ibridazioni, come nel

9

caso del progetto *R.E.M. Ricerche Etnografiche Metropolitane* e nel successivo *Night Porter.*

R.E.M., in effetti, segnalava già dal nome una possibile connessione tra etnografia e arte sciamanica del sogno, pur rimanendo un progetto di ricerca fondato principalmente sul potenziale euristico di un corpo allenato performativamente.

Prendendo spunto da questa «arte del sognare» si può ora transitare facilmente dalla *fase R.E.M.*, climax notturno di una facoltà rigenerativa neurofisiologica, al *potere E.S.P.*, abilità extrasensoriale, anzi stra-sensoriale, più propriamente sciamanica, in quanto capacità di percepire la «realtà» interna/esterna oltre i limiti sensoriali.

E.S.P., in quanto progetto, è quindi un tentativo di articolazione pluriesperienziale, nel senso di giustapporre tre diverse modalità di ricerca per trarne una sintesi non sintetizzabile. È il frutto di una più che casuale (in)esperienza con queste tre diverse modalità, ovvero quella etnografica, quella sciamanica e quella performativa.

E.S.P. si propone come modalità di ricerca errante continua, corporea e affettiva.

È un approccio indisciplinato di ricerca, nel senso che non ambisce a essere un corpus organico ma semplicemente un processo eretico.

Nasce come ampliamento e riarticolazione di alcune relazioni tenute in occasione di un laboratorio di danza urbana con le scuole superiori e che aveva lo scopo di pre-elaborare e stimolare l'attività corporea e rinasce soprattutto come contaminazione fra tre passioni per le quali non ho certamente adeguata competenza.

Intro(verso)
Il ricercatore errante

Anthropologists become poets, poets become anthropologists – but is there any necessary connection between the two activities?
I think there is. At least there is on one view of both.
(Dell Hymes)

Il ricercatore errante è un poeta-sciamano, un etnografo-mago, un cantore-stregone che reinventa la città con il proprio corpo e il proprio sguardo attraverso scorrimenti e attraversamenti continui e sconfinati.

È figura di frontiera, soggettività eccentrica che, scivolando via/fuori da un qualche «centro» stabile e consolidato, va alla ricerca di nuovi approcci, nuovi approdi, nuove modalità di esperienza e di esperire.

Architetta «complotti», studia strategie eccentriche e paradigmi indiziari per esplorare la città senza essere inglobato e involontariamente la modifica e la trasforma in modo sottile ma definitivo.

Non è un artista (in questo senso non s'identifica con il «danzatore») anche se esprime la massima creatività.

Non è uno studioso, non riproduce e crea sistemi e teorie (in questo senso non è

13

propriamente un «antropologo») anche se esprime la massima profondità d'indagine.

Non è un veggente, né un «medium» (in questo senso non è pienamente uno «sciamano») anche se esprime la massima visionarietà, impeccabilità e densità connettiva.

In quanto sciamano è un performer.

In quanto performer è un etnografo.

In quanto etnografo è uno sciamano

Non crea cartografie, le vive e le incorpora.

Non disegna tracce, le segue e le fluidifica.

Non costruisce percorsi, li sperimenta e li dissolve.

Non erige muri, li attraversa e li vanifica.

Non organizza lo spazio, lo rigenera e lo rimuove.

Non ritualizza i luoghi, li riattualizza e li rivitalizza.

Il ricercatore errante non ha segreti e tuttavia non è trasparente. Predilige modalità opache e translucide. Ama muoversi sul crinale tra il percepibile e l'impercepibile.

In quanto soggetto, non è nulla di speciale, straordinario, eccellente; è piuttosto un protagonista eccentrico del territorio urbano.

È letteralmente un profano. Conosce bene il «tempio», ma sceglie, poiché è un eretico, di starne fuori e così lo innova, lo apre alla disgregazione, al caos, al mutamento.

Il ricercatore errante è *reomantico* e *transandante*, fonde in sé due categorie che sono le opposte metà dell'irrequietezza.

Predilige la divinazione tramite lo scorrimento (*reo-*), base di ogni suo gesto o movimento, e si muove per attraversamenti (*trans-*) instabili e trascurati.

Va, scorre, e non si cura di granché altro.

In quanto *reomantico* predilige il movimento senza finalità, lo scorrere fluido ed emozionale dei passi, l'esplorazione continua, lenta, smarginata e deformata degli spazi, annullando il senso del luogo.

Lo spazio è il suo habitat, il suo contenitore, entità multipla e caotica dove tutto è potenza e possibilità, dove i confini sfumano, si slabbrano, si decompongono, dove i luoghi si succedono indiscretamente e senza limiti.

Il suo incedere è più legato all'emozione dell'andare che a quella dell'attraversare.

In quanto *transandante* esprime l'altra metà dell'irrequietezza. Si pone come ricercatore occasionale e non professionale. Predilige gli attraversamenti, anziché gli approfondimenti.

Il suo movimento rimane senza finalità, ma anziché scorrere, transita. Non si fonde con il luogo come i *reomantici* nudi e puri, ma se ne differenzia in quanto estraneo al luogo che percorre e a qualunque luogo. In questo senso è «trasandato» ovvero non se ne cura.

Attraversa luoghi senza appartenere a loro. Li attraversa per vanificare i confini e dissolvere le appartenenze.

Sceglie la sfida, i luoghi più ostili e strutturati per dissiparli. Nel suo desiderio di esplorare, si afferma come soggetto altro dai luoghi, li traccia (li segna di tracce), li frustra (li elude e li vanifica con i suoi passi), li screzia di segni delebili e provvisori.

In quanto reomantico è un «mago», in quanto transandante è un «esploratore».

Ma in fondo non è nessuno dei due.

PARTE PRIMA

TRIX

TRIX È LA SINTESI FRA IL NUMERO *TRE* E *TRICKS* OVVERO TIRI, SCHERZI, TRUCCHI, DA CUI ANCHE *TRICKSTER*, L'INGANNATORE, CHI TIRA SCHERZI MA FORSE ANCHE CHI SCRIVE.

TRE SONO I TEMI TRATTATI IN QUESTA SEZIONE CHE ALTRO NON SONO CHE TRE QUALITÀ O MODALITÀ DELLA RICERCA ERRANTE, OVVERO L'ETNOGRAFICITÀ, LA SCIAMANICITÀ E LA PERFORMATIVITÀ.

IL *TRICKSTER* È AFFINE A TUTTE E TRE, SIA IN QUANTO CLASSICO OGGETTO DI STUDIO DELL'ANTROPOLOGIA E DELL'ETNOGRAFIA, SIA IN QUANTO PERSONAGGIO MITICO CONNESSO ALLO SCIAMANESIMO, SIA IN QUANTO SOGGETTO PER SUA NATURA PERFORMATIVO E LIMINARE, PERENNEMENTE «TRA».

ETNOGRAFICITÀ

La cultura abita l'azione
(Marshall Sahlins)

L'etnografia è un'attività ibrida
(James Clifford)

L'etnografia è come l'oceano.
Tutto quel che vi serve è una rete,
una rete qualsiasi
(James Clifford)

Con etnograficità intendo evidenziare una certa caratteristica dell'indagine sul campo, ovvero una certa modalità di esplorazione, ricerca e traduzione di quell'esperienza in scritture e cartografie. In questa accezione la ricerca etnografica (errante) è un dispositivo multilineare in perenne disequilibrio (Gilles Deleuze), in cui le linee che lo costituiscono, i percorsi intrapresi, s'intrecciano e si aggrovigliano, in cui i sentieri imboccati sono soggetti a variazioni, scuotimenti, a cambi di direzione, a biforcazioni, a separazioni improvvise e ricongiungimenti imprevisti.

Tutte queste linee, sentieri, percorsi si dispiegano su un territorio in continuo divenire, su un «campo» che deve essere continuamente cartografato per essere esplorato, attraversato o anche solo avvicinato.

Proprio perché connessa all'indagine sul campo, l'etnograficità implica anche una certa fisicità, in altre parole la capacità di esplorare/agire con il corpo, facendone il principale strumento di ricerca, il punto di partenza per un nuovo approccio che può così liberarsi dai vincoli e dai limiti del sapere accademico e sperimentare sinestesicamente la sovrapposizione e contaminazione di linguaggi, sensazioni, emozioni. In questo sperimentare errante il territorio/campo è ulteriormente ri-disegnato e ri-scritto (anche se non circo-scritto), le differenze sono moltiplicate e liberate, così come la scrittura (cartografia) stessa, liberata dai codici tradizionali, diviene atto e gesto poetico.

Poiché è connotata di etnograficità, la scrittura/cartografia non è solo descrizione e rappresentazione dell'*osservato* ma anche «presenza» dell'*osservatore*, presenza che «segna» inevitabilmente il campo e l'azione, orienta e disorienta i riferimenti, contaminandoli e tradendoli. In altre parole il ricercatore/osservatore è «etno-grafico» sia in quanto «segnato» da una cultura che lo articola e lo pluralizza (in quanto essa stessa plurale) sia in quanto, in virtù della «presenza» di cui dicevo, soggetto che segna, lascia tracce, dissemina «dubbi», lacera, crea spaccature, fratture, biforcazioni, soggetto che si insinua come un virus, si inocula nel campo/mondo/cultura che va esplorando, modificandolo e modificandosi.

Il «campo» etno-grafico – luogo a un tempo critico e sismico – non è un contenitore vuoto, un'entità neutra, non è un puro e semplice «oggetto». Esso è qualcosa di più complesso e vitale, è una realtà densa e mutante, frutto dell'intrecciarsi, incontrarsi e aggrovigliarsi di presenze e soggettività altre.

Come l'osservatore anche queste soggettività altre, queste soggettività osservate, sono «dense di culture», sono il risultato d'imprevedibili e irripetibili incontri/scontri tra appartenenze collettive differenti e vissuti esperienziali unici, formando un materiale magmatico, composito, instabile che continuamente contamina e si contamina.

Ne deriva allora un rapporto problematico tra osservatore e osservato, esploratore ed esplorato, ricercatore e ricercato, entrambi soggetto e oggetto di scrittura e riscrittura continui, un rapporto che necessita di divenire dialogico per uscire dall'impasse delle logiche di dominio e liberare un'energia tellurica capace di scuotere il «campo» e la ricerca stessa.

In quanto etnografica, la ricerca errante diviene agire «antropologico» nel senso che pone al centro l'uomo. Essa, in quanto, al tempo stesso, differenza e relazione, distanza e contatto, corpo e pensiero, è un agire capace di penetrare gli interstizi, gli spazi minimi di separazione, e di ri-vitalizzarli trasformandoli in «tessuti connettivi». «Un interstizio è uno spazio vacante, diventa antropologico quando si stabilisce una relazione e questa relazione è riconosciuta da entrambe le parti». (Pierre Joseph Laurent)

La ricerca etnografica errante, in quanto connessa a un sapere «antropologico», è capacità di aprire prospettive, evidenziare biforcazioni, individuare possibilità e punti di rottura. È capacità di cogliere e valorizzare le dissonanze, di lavorare sullo scarto, di oltrepassare i dualismi. Essa implica una sensibilità, in altre parole la capacità di farsi conquistare dall'esperienza umana, nonché di ambire a sfiorare l'indicibile. (Pierre Joseph Laurent).

La ricerca diventa così esperienza umana, in cui il ri-conoscimento (non solo discorsivo ma soprattutto percettivo e affettivo) viene prima del conoscere (Francois Laplantine).

Essa non si limita a rendere noto l'ignoto ma ambisce ad aprire nuovi orizzonti di conoscenza che non possono essere compresi da ciò che già si sa.

Essa è contemporaneamente messa in moto e dubbio, messa in discussione di un sapere costituito e stabilizzato, attraverso una agire al tempo stesso corporeo, affettivo, poetico (Georges Bataille).

Nel suo procedere, nel suo errare e (di)vagare, la ricerca etno-grafica moltiplica le prospettive e gli approcci, dilata e sfuoca lo sguardo, decentra e disloca i riferimenti, e diventa esplorazione delle possibilità dell'immaginario, che è anche scoperta delle possibilità che abbiamo di essere diversi da quelli che siamo e di divenire altro da noi stessi.

Tutto è una sola strada tra un milione.

(...) una strada è solo una strada; se senti che non dovresti seguirla, non devi restare con essa a nessuna condizione.

(...) non c'è nessun affronto, a se stessi o agli altri, nel lasciarla andare se questo è ciò che il tuo cuore ti dice di fare. Ma il tuo desiderio di insistere sulla strada o di abbandonarla deve essere libero dalla paura o dall'ambizione.

(...) Guarda ogni strada attentamente e deliberatamente. Mettila alla prova tutte le volte che lo ritiene necessario. Quindi poni a te stesso, e a te soltanto, una domanda. Questa strada ha un cuore? Se lo ha la strada è buona. Se non lo ha, non serve a niente. Entrambe le strade non portano da nessuna parte, ma una ha un cuore e l'altra no. Una porta a un viaggio lieto; finché la segui sei una sola cosa con essa. L'altra ti farà maledire la tua vita. Una ti rende forte; l'altra ti indebolisce.
(Carlos Castaneda)

Non puoi cogliere un fiore senza turbare una stella.
(Galileo Galilei).

Parlare di sciamanicità significa cercare di estrapolare da quel magma composito e intraducibile che è lo sciamanesimo delle modalità esplorative inedite per la ricerca etnografica e performativa.

Sciamanica è la ricerca che procede senza regole definite e definitive verso una meta incerta. Non si tratta però di una ricerca caotica e confusa, ma piuttosto di una ricerca anarchica, in quanto la meta e le regole non sono totalmente assenti ma fluttuanti e in divenire. In altre parole si tratta di una ricerca che non si affida a delle certezze a priori, non vive chiusa dentro recinti, ma ambisce ad afferrare l'orizzonte, margine incerto tra il visibile e l'invisibile.

La conoscenza sciamanica avviene attraverso l'aderenza alle situazioni e si fonda su un sapere sovversivo che articola le antinomie, sfrutta le aporie, sperimenta inconsistenti paradigmi indiziari, al fine di raggiungere una comprensione del mondo vivente privilegiando l'intuizione sul ragionamento. Si orienta in base al «cuore», quest'ultimo non inteso come luogo di sentimenti ma frontiera fluttuante tra emozione e razionalità, linea incerta dello sciabordio dell'esperire, margine mantico che trapassa e travolge.

La conoscenza sciamanica più che un sapere è un sapere/agire (un sapere e agire che è anche un saper agire) che si fonda sull'idea che la conoscenza non è trasferibile *tout-court* ma che si acquisisce con lo sforzo sviluppato dalle proprie esperienze di vita.

La ricerca/azione/esplorazione sciamanica è eterodossa, sfugge a ogni tentativo di classificazione, di codificazione e di «imbrigliamento» sistematico.

La conoscenza che ne deriva è profondamente radicata nell'esperienza, rifugge teorie, modelli, codici, affonda i denti nella vita e lì vi attinge la sua linfa.

È in costante relazione dialogica con ciò che la circonda e ciò implica che non vi è nessuna intenzione di manipolazione, o controllo nei confronti dell'oggetto/soggetto di indagine ma piuttosto una volontà di dialogo, scambio, confronto. La ricerca diventa così l'esito originale, unico e irripetibile di una relazione particolare tra soggettività diverse in reciproco mutamento.

La sciamanicità definisce anche la capacità di mettersi in dubbio e seminare il dubbio, di trasformare l'Ego in *Alter Ego*. Essa definisce una modalità fluttuante di sperimentare da parte di una soggettività che esce da sé (*ek-stasis*). In questo modo il ricercatore-sciamano diventa un trickster, un briccone divino, un folle ingannatore, un poeta trasgressore, capace di interpretare diversi ruoli, di attraversare diverse identità senza mai lasciarsi ridurre a nessuna di esse, di adattarsi ai contesti più differenti in quanto sempre differente, eppure sempre uguale.

La conoscenza sciamanica è batesoniana. Essa è costante esperienza della «trama che connette», avverte e percepisce le connessioni tra differenti mondi, tra uomini, animali, piante. Vive dentro «un sistema di comunicazione simbolica che attraversa le distinzioni» tra essere umani e non, in cui i primi non sono più i soli possessori di un'anima. Essa percorre e vitalizza qualsiasi cosa vivente o meno. In questa visione la natura è *olisticamente* inseparata. Ridurla in sezioni significa compiere un'operazione *auto*distruttiva, poiché tutto sta in tutto. (Massimo Canevacci)

Nella visione sciamanica, così come in quella di Bateson, siamo circondati da un mondo invisibile che ci avvolge e penetra, ci parla, una presenza attiva che non siamo ormai più in grado di cogliere, in quanto se lo pensiamo non lo sentiamo, se lo sentiamo non lo pensiamo. Occorre dunque pensare come pensa la natura, «vivendo» più che affermando la «trama che connette» animali, piante e uomini, entrando in relazione reciproca con la realtà, facendo della relazione tra conoscente e conosciuto un rapporto attivo e vivo.

La ricerca sciamanica è infine dionisiaca, perché produce rispecchiamenti multipli, slabbramenti plurimi, disallineamenti inquieti, è densa di afflato emozionale, slancio vitale, ebrezza immaginativa. Infrange la razionalità, la «intuisce» e la rende «ecologica», la connette con la natura.

La visione sciamanica rompe ogni punto di vista, gioca con tutte le possibilità, permette alla ricerca errante di rompere il limite che ci siamo dati, riconoscendolo come un punto di vista tra tante possibilità. Il giudizio è sospeso e ci si limita a osservare, ad aprire lo sguardo.

Lo «sguardo sciamanico» è uno sguardo capace di guardare e osservare il mondo da prospettive diverse, inedite e insolite; è uno sguardo non frontale ma obliquo, vede attraverso l'opacità del mondo.

È uno sguardo attento, curioso, tattile. Penetra e si fa penetrare, seduce e si fa sedurre, emoziona e si fa emozionare, osserva lasciando spazio alla propria sensibilità più profonda, si abbandona a una fluidità irrazionale senza, tuttavia, divenire mai cieco.

Questa capacità di porre freno alla razionalità è un modo per far emergere cose inaspettate, per notare ciò che non si era notato, per, «letteralmente», scoprire, per perdersi senza disorientarsi. È la consapevolezza che il mondo è uno sconfinato territorio senza sentieri. (Krishnamurti)

PERFORMATIVITÀ

Ciascuna performance ha una propria
forma di vita ed è necessario lasciare il
giusto spazio perché tali cambiamenti
possano svilupparsi. Altrimenti la vita in
essi racchiusa si spegne tristemente.
(Werner Herzog, Incontri alla fine del
mondo)

La performance è l'arte in quanto aperta,
infinita, decentrata, liminale. La
performance è un paradigma di processo.
(Richard Schechner, Magnitudini delle
performance)

Con il termine performatività voglio portare al
centro della ricerca il corpo come strumento
euristico, non come limite o contenitore ma
piuttosto come bussola, pendolo, sensore. Ciò
significa spostare la pratica di ricerca da una
modalità di lavoro puramente concettuale e
mentale a una modalità fisica, corporea,
empatico-creativa.

La ricerca errante è performativa, in quanto
processo, tensione dinamica verso l'oggetto
della ricerca, oggetto che continuamente si
sposta e si riflette sul soggetto stesso. Essa
utilizza il corpo come mezzo di
apprendimento e trasmissione della

conoscenza acquisita, un corpo-pieno-di-mente, *mindfullbody* (Massimo Canevacci).

La performatività è la condizione di un soggetto totalmente immerso nel corpo, essa è la capacità di sentire, osservare, agire, pensare con/attraverso/nel corpo. È l'essere un tutt'uno con il corpo, al tempo stesso soggetto e oggetto dell'esplorazione.

La performatività è anche la qualità di una ritualità eretica, capace di mettere in comunicazione «l'esterno trans-individuale con l'interno intra-individuale». In questo modo la soggettività non rimane confinata nel corpo ma va oltre e viaggia lungo i canali della comunicazione. Il soggetto si apre così sia verso il proprio interno, dove può esplorare i molteplici stati in cui l'io si sperimenta affettivamente e cognitivamente, sia verso l'esterno attraverso l'abbandono alla deriva che significa anche perdere la propria centratura fisica e viaggiare oltre i limiti dell'epidermide individuale. In altre parole, avviene una ri-connessione tra l'io e il mondo che Bateson definiva *mente ecologica.* (Massimo Canevacci)

La performatività è una modalità di ri-pensare l'opposizione soggetto/oggetto attraverso una forma di fluidità esperienziale (con)fusa, la cui forza sta proprio nella libertà della situazione di sperimentazione ed esplorazione, nella capacità di essere in uno stato di effervescenza (Emile Durkheim).

La ricerca errante, in quanto performativa, è inafferrabile e imprevedibile, ma soprattutto impermanente. Essa cambia continuamente, modifica il proprio approccio, il proprio metodo, così come si modifica il suo oggetto, qualunque cosa esso sia, proprio in quanto intrisa di vita. Cogliere questo senso d'impermanenza nella ricerca significa andare al di là dei concetti e rendere possibile ogni cosa.

La performatività aggiunge alla pratica dimensioni e modalità nuove, connesse soprattutto alla finzione/creazione e ciò in quanto essa gioca con le alternative e le potenzialità. La ricerca s'immerge così nel mondo, confrontandosi con l'incertezza e il provvisorio, lasciando le azioni sospese e non finite, divenendo fondamentalmente e profondamente sperimentale. Diventa in qualche modo pericolosa perché scivola fuori dalle cornici/frames ordinari, sfida le convenzioni, oltrepassa i recinti sicuri e si spinge oltre ogni limite. Diventa altra senza smettere di essere se stessa «in una tensione dialettica irrisolvibile» (Richard Schechner).

Rispetto al *performing* di Erving Goffman, (con il significato di eseguire performance, recitare, rappresentare, agire secondo partiture), la ricerca performativa, affidandosi alla sapienza del corpo, non ha partiture, attinge all'incertezza e al provvisorio, al transitorio e al mutamento, all'instabilità e alla sfuggevolezza, alla porosità e all'inaffidabilità nel tentativo di sperimentare l'inedito, di esplorare e penetrare «la vita che sfugge».

I ricercatori performativi «giocano» continuamente, non solo con i codici, le cornici e le meta-cornici della comunicazione, ma anche con i loro stati cerebrali interni. Essi sono al tempo stesso artisti e sciamani, praticano una meditazione mobile e fluttuante che attraversa gli stati della coscienza alterandoli. Il risultato è un agire che dialoga con l'invenzione e la trasformazione psicofisica di sé. Il risultato è anche la produzione di qualcosa che è completamente diverso da quello che si voleva in origine.

La ricerca performativa parte dall'assunto che il mondo è molteplicità creativa, sfuggente e sempre in movimento, mondo che è possibile attingere solo attraverso diverse modalità tra loro interpenetranti, trasformabili, non esclusive. Essa si aggira in un territorio sfuggente, dove tutto è relativo e provvisorio.

La performatività è anche ritualità se con ritualità intendiamo un sistema dinamico in grado di generare nuovi materiali e nuovi modi di azione. Essa è qualche cosa di più simile al racconto orale, in quanto svanisce nel momento in cui si produce, in altre parole esiste solo nel momento della sua esecuzione concreta. Utilizza facoltà e processi che la scrittura tende ad atrofizzare e, così facendo, bilancia, alleggerendola, la dimensione (etno)grafica della ricerca.

Ma essa è soprattutto capacità di attingere al sogno, o meglio a una modalità di sognare che sfugge all'*intérieur* – il mondo della psiche individuale – e che diviene via di accesso ad altri mondi, capacità visionaria in grado di raggiungere una conoscenza che la mente egoica da sola non può nemmeno sfiorare, in cui i confini del corpo diventano permeabili e l'interiore e l'esteriore si aprono l'uno verso l'altro, realizzandosi in un'infinita rêverie poetica.

PARTE SECONDA

RELAZIONI

RELAZIONI È QUI INTESO SIA NEL SENSO DI
RESOCONTI, ESPOSIZIONI, LEZIONI, SIA NEL SENSO DI
CONNESSIONI, COMUNICAZIONI, CORRISPONDENZE
CHE IN OGNI CASO NECESSITANO DI ESPLORAZIONI
CORPOREO-PERFORMATIVE PER ESSERE RIPENSATE E
APPROFONDITE SOGGETTIVAMENTE.

POETICITÀ

Nell'arte lo scopo non è, come nella
scienza, risolvere problemi, ma piuttosto
esplorarli.
(John Keats)

Le idee sono simili a pesci, se vuoi
prendere un pesce piccolo puoi restare
nell'acqua bassa. Se vuoi prendere il pesce
grosso devi scendere in acque profonde.
(David Lynch)

C'è una sostanza essenziale del mondo che
soltanto la parola del poeta colloca, separa,
perfeziona, disegna.
(Julio Cortàzar)

Cos'è la poeticità se non il desiderio del
ricercatore di trovare una risonanza con
l'ambiente e il mondo che va esplorando, di
vibrare alla stessa impercettibile frequenza?

Cos'è se non la capacità di relazionarsi con
il mondo attraverso una sensibilità aperta alle
sue infinite connessioni?

In questa accezione, la poeticità è in stretta
correlazione con una «mente ecologica», cioè
con un sistema policentrico, interconnesso e
interattivo in cui ogni elemento comunica con
tutti gli altri sia dentro sia fuori i limiti
corporei. Essa è capacità di *inter-essere*, di
intrecciare la propria trama con le infinite

trame del reale, è capacità di cedere e abbandonarsi al mondo, di stemperare le frontiere tra i regni biologici, «conoscendo in modo diverso, secondo l'ordine della quercia e della pietra.» (John Keats) e tra i sensi: «I suoi occhi toccano e odorano.» (Julio Cortàzar).

La poeticità è quel *quid quantico* che si aggiunge al processo conoscitivo quando l'io scivola nel sé.

Essa è capacità di dare senso al mondo, senza necessariamente spiegarlo, ma, più semplicemente, aprendosi e appassionandosi a esso.

È desiderio di meravigliarsi senza meravigliare, di stupirsi senza stupire, di suggestionarsi senza suggestionare.

Ciò premesso, la ricerca errante è poetica in quanto com-posizione, ovvero risultato di elementi differenti che trovano una nuova unità, elementi che, pur permanendo, perdono la loro precedente identità, acquisendo una nuova dignità, un nuovo significato.

Essa è penetrazione del mondo attraverso uno sguardo visionario, capace di cogliere l'*unknown* (John Keats), l'*inconnu* (Charles Baudelaire), ciò che non si conosce, ciò che è là da venire che può essere afferrato solo da un'intuizione, da uno sforzo creativo dell'immaginazione che permette di aprirsi a dimensioni sconosciute di sé e del mondo.

La ricerca errante è poetica in quanto *finzione*, ovvero creazione/costruzione senza falsificazione.

È poetica in quanto *emergente*, ovvero capace di riaffiorare dopo aver esplorato la profondità degli abissi (David Lynch).

È poetica in quanto *transandante*, in grado cioè di violare confini (in particolare tra arte e scienza), di polverizzarli, di ripercorrerli rimanendo perennemente in bilico.

È poetica in quanto modalità di agire/esplorare pluriversa, capacità di imboccare molteplici e mutevoli direzioni.

È poetica in quanto instabile, sregolata, giocosa capacità di lasciar trapelare significati inediti e incontrollabili, di parlare di una cosa per poterne dire di un'altra.

È poetica in quanto re-invenzione e ri-creazione (al tempo stesso rigenerazione e gioco) costanti, capacità di esplorare l'imponderabile e renderlo accessibile tramite l'intuizione.

È poetica in quanto suscettibile di fraintendimenti e ambiguità. I suoi esiti, i suoi «prodotti» vivono di vita propria, si spostano e acquistano nuove forme, generando nuovi significati che rimangono intrinsecamente ambigui (Ibn Khaldun).

È poetica in quanto raminga, capace di lasciar sgorgare immagini dall'intreccio indicibile delle mille sensazioni dell'andare (Arthur Rimbaud).

È poetica in quanto aperta alle connessioni impossibili, agli accostamenti irragionevoli, agli accoppiamenti deliranti, in quanto capace di cogliere le invisibili *correspondances* del reale, di intuire i misteriosi legami tra le cose.

È poetica in quanto utilizza i simboli come porte da attraversare piuttosto che come significati da indagare.

È poetica in quanto *surreale* e cannibalica. È sogno lucido che introietta, mastica e assimila le più differenti immagini, idee, emozioni, soggetti. E li risputa in altra forma/combinazione.

È capacità di attingere alla sostanza del sogno, campo di tutte le possibilità, luogo dove pensieri ed emozioni s'intrecciano, dove i pensieri esprimono la loro carica emotiva (Platone) e dove non sono solo pensati ma anche sentiti.

È poetica in quanto capace di scivolare tra le pieghe del sensibile, di insinuarsi nel regno opaco della rêverie e di ritessere il paesaggio/mondo secondo il proprio desiderio fantasmagorico e caleidoscopico.

Infine è poetica in quanto, appunto, Erratica, Sciamanica, Performativa. E.S.P.!

IMMOBILITÀ

Forse l'immobilità delle cose intorno a noi è loro imposta dalla nostra certezza che sono esse e non altre, dall'immobilità del nostro pensiero nei loro confronti.
(Marcel Proust, Dalla parte di Swan)

Potrebbe sembrare paradossale proporre quale concetto per ricercatori vaganti e vagabondi l'immobilità ma è proprio nel paradosso, nella contraddizione, nell'ossimoro – follia della parola ai limiti della glossolalia – che un ricercatore dovrebbe trovare le proprie fonti d'ispirazione, le sorgenti delle proprie intuizioni cui attingere per generare nuovi concetti, nuove immagini, nuovi modi di esplorare e farsi trascinare da essi giù a valle verso chissà quali approdi o derive.

Pensare e agire l'immobilità significa sottolineare prima di tutto la sua natura tutt'altro che statica. In altre parole l'immobilità è una «dinamica», particolare, invisibile, impercettibile, indecifrabile quanto si vuole ma pur sempre una dinamica.

Dunque non si tratta di contrapporre immobilità a mobilità, rapidità, accelerazione ma piuttosto contrapporla a frenesia, nel senso di un agitarsi irriflessivo e inconsapevole.

Certamente non tutte le espressioni dell'immobilità sono dinamiche.

L'immobilità diviene dinamica nel momento in cui esprime una potenza, sia in quanto potenzialità-possibilità, sia in quanto forza, intensità, energia già dispiegata, in altre parole potenza già in atto.

L'immobilità è, in altre parole, una vela tesa e protesa, già gonfia di vento, senza pieghe, spiegata e dispiegata.

Come scrive Peter Brook a proposito degli esperimenti teatrali di Bob Wilson, «essi dimostrarono come un movimento lentissimo, quasi impercettibile, e una mancanza di moto, vissuta in modo particolare, potevano diventare di un interesse irresistibile, senza che lo spettatore ne comprendesse il perché ... l'immobilità esteriore deve celare uno straordinario dinamismo interiore.»

L'immobilità è intesa dunque non nel senso di semplice assenza di movimento ma piuttosto come intensità dello stare, dell'essere presenti nel qui e ora del corpo, un qui e ora sempre mutante – il «dinamismo interiore» di Brook – anche nell'assoluta staticità, sempre apparente, del corpo.

È per questa ragione che dovremmo parlare di in-mobilità, anziché di immobilità, cioè di una mobilità-in, di un movimento che è dentro e che è in corso: *nel corso dell'(in)mobilità*.

Che in apparenza il movimento non sia espresso, non sia cioè in atto, non significa che tale movimento non sia già. L'immobilità non è soluzione di continuità del movimento, non è il prima e il dopo del movimento, l'inizio e la fine del movimento. Non è nemmeno una parte del movimento. Essa è, a tutti gli effetti, movimento.

L'immobilità è il grado zero del movimento, è il movimento-zero, tensione continua tra implosione ed esplosione, tra ex-stasi ed en-stasi, condizione dinamica borderline, zona fluida, sconfinata, concentrazione massima del potenziale di ogni azione.

L'immobilità è, prima di tutto, presenza nel corpo, del corpo, sul corpo.

Il corpo dell'in-mobilità è un *corpo emozionale*. Dal latino ex movĕo, «muovere da», il termine emozione contiene già, in sé, movimento. Proprio attingendo dall'emozione l'immobilità, una certa immobilità, si fa movimento, intensità in atto. Come il caos contiene tutti gli ordini possibili, così l'immobilità, quest'immobilità del corpo-presenza, dell'intenso-corpo, contiene in sé già tutti i movimenti possibili, potenziali e attuali.

«Rumore bianco» della mobilità.

L'intensità di una «presenza» – nel senso di un corpo e di una coscienza profondamente intrecciati e dialoganti – può, così, pur nella totale stasi fisica, esprimere e comunicare un'idea di movimento che va ben oltre il semplice gesto. Potremmo allora parlare anche di immanenza, termine con cui gli scolastici indicavano il carattere dell'azione che resta all'interno di colui che la compie, ma ciò ci porterebbe troppo fuori dal discorso, pur con tutte le buone intenzioni eretiche.

L'immobilità, dunque, non è il prodotto dello sguardo di Medusa, non è rigidità statuaria, congelamento, pietrificazione. Non è l'immobilità delle guardie reali di Buckingham Palace, non è l'immobilità del cadavere, non è *rigor mortis*, non è una prigione del corpo, non è una camicia di forza. Piuttosto è l'immobilità di *tadasana*, la montagna, quella posizione dello yoga che aiuta a sperimentare la calma, la forza, la potenza rilassata, o l'immobilità che segue la trance dance sciamanica, dietro alla quale si cela un movimentato viaggio taumaturgico. O piuttosto è l'immobilità tutta tensione del felino o quella sospesa del rapace, entrambi pronti a gettarsi sulla preda. O ancora è l'immobilità, al tempo stesso potente e «leggera», dell'albero ben radicato nella terra, ben slanciato verso l'alto, vivo e vitale in ogni sua parte, «presente» eppure, apparentemente, privo di moto.

L'immobilità non è solo movimento dentro, all'interno, essa è anche dentro il movimento. Ecco allora che la sfida per il ricercatore errante è quella di (ri)trovare la potenza e la qualità dell'immobilità in ogni gesto, in ogni azione, in ogni slancio, amplificando i suoi sensi e le sue percezioni, aprendo nuovi canali di comunicazione e nuove modalità di fruizione/intuizione, alla ricerca di quell'intensità dell'essere che è non solo presenza ma anche essenza creatrice, in altre parole capacità di essere e divenire a un tempo, nell'atto stesso della sperimentazione.

Attraverso questa essenza creatrice il ricercatore errante può esplorare terre sconosciute per trovare nuovi approdi.

Au fond de l'Inconnu pour trouver du nouveau!

VERTIGINE

La vera vertigine è l'assenza della
follia.
(Emil Cioran)

Scrivevo silenzi, notti, segnavo
l'inesprimibile. Fissavo vertigini.
(Arthur Rimbaud)

Della vertigine ovvero dell'ebbrezza (e) della vertigine.

La vertigine è ebbrezza del dis-equilibrio, un dis-equilibrio frutto di acrobazie, slanci, cadute, tuffi, rotazioni, velocità, accelerazioni. In questo senso la vertigine è una qualità tipica della performance, nel senso turneriano del termine, proprio perché la performance, rituale o artistica che sia, gioca tutta la sua arte sull'eccitazione del dis-equilibrio, sulla capacità di mettere continuamente in gioco i normali assetti «gravitazionali» del corpo e dell'essere.

Ma la vertigine performativa è anche qualcosa di più. Ha a che fare con la provvisorietà, l'instabilità, la sfuggevolezza, la porosità, l'inaffidabilità e la pericolosità. Attraverso lo squilibrio, deforma e riforma il corpo, lo decostruisce e lo ricostruisce. Introducendo lo squilibrio all'interno di situazioni stabili, la vertigine spinge il corpo

51

alla ricerca di nuovi equilibri, lo apre alla sperimentazione e così ne amplifica il potenziale sensoriale, la sensibilità cinestesica, la capacità percettiva ed emozionale. In altre parole la vertigine apre il corpo e l'essere agli esiti inediti di un'esplorazione errante.

Questa esplorazione errante/performativa è azione che s'incarna in un corpo e in un gesto che diventano densi senza diventare gravi. La vertigine è attrazione «angelica» verso il basso, verso la terra, è il desiderio di abbandonarsi all'ebrezza della gravità.

Nell'uso comune, il termine «vertigine» individua un'esperienza sensoriale ai limiti della patologia. La vertigine è così associata, per lo più, a una fobia, a un turbamento, a una paura, la paura del vuoto, l'*horror vacui*, la paura dell'abisso, la paura del gorgo o, più esattamente, la paura di cadere che è anche la paura di volare. Accettare questa definizione comune di vertigine significa, tuttavia, precludersi la possibilità di sperimentare uno stato di eccitazione assai prossimo all'estasi, come dimostrano le varie forme di trance dance. Ecco perché la paura di cadere diventa paura di volare.

Ne *L'insostenibile leggerezza dell'essere* Milan Kundera coglie il punto centrale della questione. «Che cos'è la vertigine? – si chiede – Paura di cadere? Ma allora perché ci prende la vertigine anche su un belvedere fornito di una sicura ringhiera? La vertigine è qualcosa di diverso dalla paura di cadere. La vertigine è la voce del vuoto sotto di noi che ci attira, che ci alletta, è il desiderio di cadere, dal quale ci difendiamo con paura.»

Paura e desiderio: è in questa tensione di opposti che risiede la natura ambigua della vertigine, a un tempo attrazione e repulsione. Ma cos'è in realtà questo vuoto? Che cosa rappresenta per noi? Perché ci attrae e ci respinge?

Il vuoto è un vortice, il vertice che si fa vortice, è il gorgo che ci risucchia, l'abisso che ci seduce, è il Maelstrom di Edgar Allan Poe. Nel mito il gorgo è l'immagine del disordine, del caos, dell'indifferenziato. Così la paura/desiderio del vuoto che è all'origine della vertigine è anche la paura ancestrale del disordine, del caos, dell'indifferenziato. È, in altre parole, la paura di perdere i nostri punti di riferimento, non solo spaziali, è la paura di perdere noi stessi. L'uscita dall'equilibrio è uscita da sé, è, in altre parole, estasi, *ex-stasi.* Così superata la paura iniziale – nel momento in cui riusciamo a vincerla, se ci riusciamo –

possiamo approdare a un nuovo stato psico-corporeo. Come scrive Roberto Escobar a proposito del racconto di Edgar Allan Poe, *Una discesa nel Maelstrom*, non resistere al gorgo, lasciarsi andare, abbandonarsi a esso, diventare noi stessi niente come il gorgo, può permettere di vedere ciò che non si è mai veduto prima: un nuovo ordine nel caos, un nuovo sistema di significati, una nuova sfera di sicurezza, che significa anche nuove possibilità di espressione, nuove possibilità di comunicazione, nuovi stati del corpo.

Nel racconto di Poe finché il vecchio marinaio rimane aggrappato a occhi chiusi al proprio relitto, alla propria paura, non può che essere trascinato verso il fondo e verso una fine certa. Ma nel momento in cui trova la forza di riaprire gli occhi e di guardare attorno a sé può scoprire la legge del gorgo, può scoprire un ordine nel caos. Solo così, solo diventando gorgo lui stesso, solo abbandonando il proprio corpo alla potenza del gorgo, solo abbandonando il proprio corpo e la propria mente all'ebbrezza di quello stato di dis-equilibrio, egli può trovare una via di uscita, può trovare un nuovo equilibrio, può sperimentare uno stato di equilibrio alternativo.

La vertigine è *ilinx*. Roger Caillois utilizza questo termine, *ilinx*, per definire una tipologia particolare di giochi. *Ilinx* è il termine greco per gorgo da cui deriva *ilingos*, vertigine. Questa tipologia di «giochi comprende quelli che si basano sulla ricerca della vertigine e consistono in un tentativo di distruggere per un attimo la stabilità della percezione e a far subire alla coscienza, lucida, una sorta di voluttuoso panico. In tutti i casi si tratta di accedere a una specie di spasmo, di trance o smarrimento che annulla la realtà con vertiginosa precipitazione.»

La vertigine è prima di tutto uno stato organico di perdita di coscienza o, meglio ancora, di «spostamento» della coscienza verso punti di osservazione/esplorazione inediti.

La vertigine è smarrimento che eccita, *ex-cita*, che ci fa «muovere fuori», che ci pone altrove rispetto alla nostra condizione ordinaria, che ci fa sperimentare con sensibilità nuove realtà già conosciute.

La vertigine è anche uno stato di estasi, un'uscita da se stessi, un'uscita dal corpo, da un corpo «surcodificato», sovradeterminato e, dunque, sovralimitato nella sua espressione e nella sua essenza, dai codici culturali e sociali, un corpo che, oggi, è sempre più spesso anche un corpo «surcosciente», che vive in un'eccedenza di coscienza, ma non di coscienze, di un corpo che è sempre più chiuso in se stesso, sottratto alla sperimentazione, all'alterità e alla pluralità dell'esperienza.

La vertigine diventa allora una modalità per sbloccare, attraverso il corpo, il nostro modo di esperire e conoscere il mondo, lasciando che il pensiero intuitivo prevalga sui disequilibri instabili degli eccessi del pensiero razionale, consapevoli che, come ogni forma d'arte, anche la ricerca errante non ha l'obiettivo di risolvere i problemi ma di esplorarli.

LIMITI

> Uno non ha che dichiararsi libero, ed ecco che in quello stesso istante si sente limitato. Abbia solo il coraggio di dichiararsi limitato, ed eccolo libero.
> (Johan Wolfang van Goethe)

> Per poter essere in grado di porre un limite al pensiero dovremmo trovare entrambi gli estremi del limite pensabile (cioè dovremmo essere in grado di pensare quello che non può essere pensato).
> (Ludwig Wittgenstein)

Parlare di limiti, scandagliarne la natura per sviscerarne le molte facce, rischia di essere, paradossalmente, un'impresa senza limiti.

Più ci si addentra nell'argomento e più se ne scopre la vastità. Se solo pensiamo alla nostra esperienza personale, ci rendiamo conto che ognuno di noi è immerso nei limiti: limiti fisici, limiti sensoriali, limiti spaziali, limiti temporali, ma anche limiti psicologici, limiti culturali, limiti sociali, limiti politici, limiti economici. E ognuna di queste tipologie di limiti può assumere le più svariate sfumature da individuo a individuo, da cultura a cultura, da regione a regione.

L'aspetto comunque più evidente è che l'esistenza *nei* limiti e *dei* limiti, sia una «costante» antropologica, una costante che, in parte, deriva dalla nostra natura biologica e animale ma che soprattutto deriva dalla nostra natura culturale.

Se il corpo è *un* limite, la cultura è *il* limite.

Come scrive Renato Rosaldo in *Cultura e verità* «anche i cosiddetti regni della libertà pura, la nostra fantasia e i nostri «pensieri più reconditi» sono prodotti della nostra cultura locale che pone loro dei limiti».

E come afferma anche Michel Foucault: «non esiste una sola cultura al mondo in cui sia permesso di fare tutto. L'uomo non comincia con la libertà ma con il limite e con la linea dell'invalicabile.»

Il limite diventa, dunque, non è un punto di arrivo ma un punto di partenza, non solo della nostra riflessione ma in generale di ogni tipo e forma di ricerca. Ovunque ci si voglia avventurare, qualunque sia lo scopo della nostra esplorazione, il limite è il punto da cui partire.

Il limite è una costante antropologica, proprio perché la sua natura è principalmente culturale e ciò in quanto è la cultura che produce i limiti, che li costruisce, li de-finisce e, soprattutto, li rende «visibili», attuali, li rende presenti alla coscienza – individuale e sociale. In altre parole, all'origine dei limiti vi è un atto di coscienza, un atto di pensiero che è sempre atto culturale, prodotto particolare e unico della cultura, di una cultura. In natura non vi sono limiti in senso stretto, non vi sono luoghi, ma solo spazi, entità indefinite. Così una catena montuosa, un fiume, un solco nella terra – solo per fare alcuni esempi – non sono di per sé limiti, ma lo diventano nel momento in cui noi – attraverso la mediazione culturale – li pensiamo tali. Ma questo atto di pensiero, questa coscienza ha anche la possibilità di trasformare la natura dei limiti e farne delle realtà più fluide, meno rigide.

Ciò, tuttavia, non elimina il fatto che, biologicamente, noi siamo esseri limitati, che il nostro corpo sia limitato, che la nostra struttura osteomuscolare, le nostre articolazioni possano compiere un numero finito di gesti, di movimenti, di azioni, che il nostro apparato sensorio-percettivo sia limitato. Come scrive Cassirer, «la percezione non conosce il concetto d'infinito, ma è legata fin da principio a determinati limiti della facoltà percettiva e quindi a un ben delimitato campo dello spazio.»

Ma la questione dei limiti non si pone nei termini di un'opposizione tra finito e infinito, ma piuttosto tra costrizione e libertà. L'interrogativo allora diventa: come trovare il massimo della libertà all'interno di determinati limiti? Come, dati certi vincoli, è possibile esprimere al massimo le nostre azioni, i nostri pensieri, le nostre fantasie, la nostra creatività? E, ancora, il limite, può essere uno stimolo anziché un vincolo?

Parafrasando il Nietzsche di *Umano, troppo umano*, «danzare in catene» è il modo con cui possiamo dare senso al limite, creando da noi stessi delle costrizioni, dei vincoli, rendendoci le cose difficili per poi farne esperienza, esplorarli e così superarli e trasformarli creativamente.

Qualunque ricerca intesa come pratica performativa, esplorazione errante, sperimentazione nomade, è sempre danza in catene. Come dice chiaramente Michel Maffesoli, «il limite non può essere compreso che in funzione dell'erranza, così come, viceversa, la seconda necessita del primo per acquistare un senso.»

Danzare il limite è l'essenza di ogni ricerca. Agire *a/*limite, è agire *il/*limite, agire *su/*limite, agire *nel/* limite... oltre *i* limiti e così aprire il varco a nuove esplorazioni, nuove sperimentazioni, nuove scoperte. D'altronde oltrepassare il limite significa riconoscere che esso esiste.

Il limite non è qualcosa di staticamente determinato. Il limite si dà sempre nel contesto di un rapporto che lo ridefinisce e trasforma ogni volta dall'interno. «Detto succintamente, "avere il senso del limite" significa sostenere il *dis-ascondimento* nel suo doppio movimento (senza per esempio voler unidirezionalmente svelare e illuminare tutto)» (Werner Herzog).

Se, dapprincipio, la ricerca è un «danzare», un agire, in «luoghi», ovvero realtà psico-spaziali determinate, essa per dare senso, per darsi un senso, deve ri-trovare la propria essenza anche là fuori, oltre i limiti, altrove. E In questo spingersi oltre riscopre la propria libertà.

In questa sua dialettica con i limiti, la ricerca è metafora della nostra esistenza, un'esistenza che, nel bene o nel male, ha a che fare con i limiti e con questi limiti deve fare i conti. L'essenza dei limiti sta nella tensione tra paura e desiderio, tra la paura di perdersi e il desiderio di libertà, tra la paura del divenire e il desiderio di essere. Una tensione che può sfociare nella frustrazione e nella violenza. Reagire con violenza all'esistenza dei limiti non fa che accrescerne la potenza e soprattutto l'effetto vincolante, come nodi che ci bloccano polsi e caviglie e che, più cerchiamo di sciogliere, più si stringono... dolorosamente.

Ciò che possiamo fare, più concretamente, è imparare a vedere i limiti, imparare a conoscerli e a ri-conoscerli, imparare ad accettarli non come vincoli, non come cancelli di una prigione, ma come stimoli, come occasioni di libertà, per conoscere l'essenza delle nostre paure e dei nostri desideri.

Come scrive Heidegger, «Il limite non è il punto in cui una cosa finisce, ma, come sapevano i Greci, ciò a partire da cui una cosa *inizia la sua essenza*».

Occorre far sì che nel limite continui ad avvertirsi l'eco di ciò che non ha limite e, simmetricamente, far sì che ciò che non ha limite costituisca la profondità del limite: in ciò sta il più profondo e intimo significato di una ricerca nel senso più raccolto e sobrio del termine.

LIMINARITÀ

È scoprendomi all'altro che mi scopro. "Non quello che avviene all'interno, ma quello che avviene al *confine* della propria e altrui coscienza, sulla *soglia*". Questa soglia, questo *limen*, spinge verso scoperte extraterritoriali in una zona delicatissima in cui le parti terminali del proprio sé e quelle iniziali dell'altro si allungano, si confondono, si intrecciano .
(Massimo Canevacci)

Il concetto di liminarità ci introduce nello spazio del «terzo», «il terzo che deve morire», per dirla con le parole di Luigi Alfieri. Liminare è, in altre parole, la condizione di chi è «terzo», di chi non è né di qua né di là, di chi è «tra» – tra identità e alterità, tra interno ed esterno, tra essere e non essere, tra divino e demoniaco. Liminare, in altre parole, è la condizione del *monstrum*, letteralmente il «segno degli dei», benefico e nefasto a un tempo, oggetto di meraviglia e orrore, da mostrare (mon-strare) e da nascondere. *Fascinans/tremendum.*

Il «terzo» è un estraneo, talvolta estraneo pure a se stesso, ambiguo, «impuro», contaminato e contaminante, indefinita amalgama di identità e alterità, una non-identità che è anche non-alterità. Il «terzo» è colui che agisce sul margine, che smargina il margine, che lo rende confuso, indefinito, ambiguo. È colui che agisce sulla soglia, sul *limen*, che si muove nella «terra di nessuno» ovvero nello spazio della frontiera, spazio liminare per eccellenza.

Il «terzo» è colui che transita – artefice di continui passaggi – ma che può anche non transitare. Sta a lui scegliere, unico in questo. È colui che può rimanere lì, minaccioso, sulla soglia, a metà del crocevia – come il divino e ubiquo Legba – escogitando brutti scherzi e tiri mancini.

Il «terzo», in altre parole, è il *trickster*, il briccone divino, dionisiaco, trasgressivo, potente e dinamico, eroe del disordine, né dio né uomo, né uomo né animale, tacciato e cacciato e per questo deve morire, nel «segno di Caino».

Il trickster scardina qualunque certezza, trasgredisce ogni regola, oltrepassa ogni limite, è un eroe culturale in quanto, trasgredendo, rinnova e innova.

Il briccone divino diventa così artista visionario, performer sperimentatore, etnografo innovatore, sciamano irriverente, avventuriero giocoso, esploratore inquieto, ricercatore errante.

Ma lo spazio del margine non è semplicemente uno spazio anti-sociale. Come scrive Francesco Remotti, «il margine è ciò che elimina dal passaggio quella immediatezza che provocherebbe turbamenti». In ciò si racchiuderebbe il significato e la funzione dei *riti di passaggi* e del rito in generale. «È il margine che rallenta il passaggio e vi introduce la gradualità tipica del rituale». Senza questa gradualità il passaggio sarebbe inaccettabile, lo shock culturale insuperabile. Il margine ci dà modo di metabolizzare ciò che è sospeso «tra», di accettarlo e di sopravvivere alla sua irruenza, alla sua ambiguità, alla sua indeterminatezza.

In questa ritualità del margine si immerge lo sciamano, vero e proprio camminatore tra i mondi, ricercatore di anime che trasforma la trasgressione in cura, la contaminazione in rimedio. Lo sciamano penetra il margine, lo esplora, lo indaga per ri-marginarlo, sia per «curarlo» come si cura una ferita, sia per rigenerarlo, renderlo nuovamente margine.

Il margine, la soglia, il limine, è spazio rituale e teatrale a un tempo, è antropologia e performance, è antropologia della performance e, al tempo stesso, performance dell'antropologia, è il luogo per eccellenza di un'etnografia sciamanica performativa, spazio oltre e che diviene tale in virtù di un agire etnografico, sciamanico e performativo.

Etnografo, sciamano e performer sono tra modalità di essere di una possibile soggettività del margine, a seconda della dimensione corporeo-affettivo-cognitiva che è messa in gioco.

L'etnografo è il trasgressore che più fa affidamento alla «mente», alle facoltà cognitive, osservando e partecipando, pur con distacco, alla realtà «terza».

Il performer è un trasgressore che agisce di «pancia», d'istinto, affidandosi alla propria competenza fisico-corporea e agendo su base emozionale.

Infine lo sciamano è un trasgressore che agisce con il «cuore», che altro non è che un'ulteriore margine, area instabile in cui mente (ragione) e pancia (emozione) si incontrano, si confondono, si scambiano.

Il margine è palcoscenico, ma anche luogo del delitto. Il margine è il corpo stesso, la sua superficie, la pelle.

Attraverso la pelle, il ricercatore percepisce ed esplora, amplifica il proprio sentire, estende la propria «mente», si immerge nella «trama che connette».

La pelle è dunque *limen*, soglia porosa. La pelle è il margine che deborda, che appartiene e non appartiene allo stesso tempo, che lascia passare, trapelare, che si moltiplica e che moltiplica. La pelle è la manifestazione della pluralità, impurità, ambiguità del limine.

La pelle è la «scena del limine», dove si mostra il bilico tra purezza e impurità. È il «luogo del relitto», dove si arena ogni certezza, ogni indagine «illuministica». È lo spazio dell'ignoto dove si anela l'inedito. È lo spazio che ci conferma che «l'ordine non riesce mai a prevalere del tutto, né lo potrebbe» perché permane sempre «un certo margine di manovra, di apertura, di scelta, di interpretazione, di alterazione, di manomissione, di rovesciamento, di trasformazione» (Victor Turner).

È a partire dalla pelle-margine che si dispiega il volo del ricercatore vagante, a un tempo azione, esplorazione, indagine.

La sua performance deve risvegliare nervi e cuore, soma e psiche.

La sua performance deve ritrovare quel rapporto magico e atroce con la realtà e con il pericolo - il pericolo di non poter tornare indietro - un rapporto che costituisce l'essenza dinamica di ogni vagare che è poi l'essenza di ogni margine-*limen*.

Il vagare è un'arte in quanto aperto, infinito, decentrato. È promiscuo e inquieto, mette in dubbio regole, codici, consuetudini. Penetra la bellezza del mondo e la desidera come irrinunciabile. Se ne abbevera. Apre lo spazio al passaggio, alla metamorfosi, alla ricerca irresistibile. In questo è liminare, in quanto anti-strutturale, non distruttivo ma generativo, ancora la dialogica tra ignoto e inedito.

Il vagare, penetrando il margine, genera uno spazio aperto, sconfinato, perturbante in cui l'ordine perde la forza della sua verità e concepisce qualcos'altro oltre essa.

Il vagare si insinua nelle incrinature, nelle situazioni incerte ed esitanti, nei contesti incompleti, ellittici, alla ricerca di indizi di ciò che è la «vera» natura del processo umano.

Il vagare è crudele in quanto produce smarrimento e spaesamento in ciò che è ordinario e quotidiano, per dislocarli e dislocarsi, alla ricerca di nuove strade e nuove radici.

E alla fine il ricercatore si ritrova trasformato. Vagando nel margine di ciò che è noto ha trovato nuove possibilità, nuove direzioni.

È sempre lui ma non è più lo stesso. Il margine è diventato il luogo attraverso cui vedere le cose, attraverso cui estendersi nell'oltre.

FÀTICITÀ

In qualsiasi situazione di emotività intensa, il valore cognitivo delle parole è subissato da una marea crescente di espressione fàtica.
(Richard Schechner)

Con fàticità si intende quella condizione che permette di stabilire o mantenere un contatto tra persone, un contatto che è sia fisico-spaziale, in cui si definisce un qui e un là, un vicino e un lontano, sia emozionale o, meglio, pertinente uno stato d'animo.

Il ricercatore nel suo errare afferma: «Io sono qui!» In tutti i sensi.

Con riferimento alla prima accezione, possiamo dire, per esempio, che il camminare, la libera erranza, «crea un'organicità mobile dell'ambiente» (Michel de Certeau), attraverso una connessione e una successione di luoghi fàtici, di punti di contatto, di centrature dislocate, in cui il soggetto si riposiziona continuamente rispetto allo spazio e rispetto agli altri soggetti presenti, affermando la propria presenza e tessendo una trama mutante che genera e rigenera continuamente l'ambiente che attraversa.

Con riferimento alla seconda accezione, il termine fàtico comprende tutte quelle «performance basate sulla sollecitazione di espressioni di stati d'animo» (Richard Schechner), dove per performance intendiamo tutte quelle forme di agire che implicano una totale presenza nel (e consapevolezza del) proprio corpo tale da avvertire e far avvertire ogni riverbero emozionale.

Proprio in virtù di tale sollecitazione, il ricercatore deve praticare primariamente un'osservazione su di sé per cogliere e comprendere il proprio stato d'animo, in altre parole deve praticare un'attenzione che è un prendere coscienza del proprio stato nel qui e ora ovvero un'attenzione alla pura e semplice presenza.

Per quanto l'etimologia del termine derivi dal latino *fari* «parlare», la fàticità ha a che fare con ogni forma di comunicazione, anche quelle non verbali.

La dimensione fàtica è presente, per esempio, in tutte quelle situazioni in cui gli individui apprendono e ri-apprendono a lasciare che i loro sentimenti «vengano fuori», come nei gruppi terapeutici. E similmente ai gruppi terapeutici, il ricercatore nel suo vagare diviene sia strumento sia soggetto di una sorta di abreazione del *genius loci*, dello spirito del luogo che tramite di lui «viene fuori» e viene vissuto e rivissuto, affermato e trasformato.

Agendo fàticamente nel paesaggio urbano, il ricercatore-performer interagisce con l'ambiente circostante, prima centrandosi emozionalmente e poi amplificando il proprio sentire. Affermando la propria presenza, ri-crea e ri-genera quello stesso ambiente, evidenziando il proprio vissuto emozionale che diventa il motore dell'azione e del mutamento, ma soprattutto dà la possibilità a mondi multipli di emergere e coesistere nello stesso spazio/tempo performativo, mondi che sono ad un tempo emozionali, conoscitivi, poetici, artistici e quant'altro.

In quanto soggetto «presente» non è, non può e non vuole essere neutro. Come uno sciamano «vede» e come tale non solo assiste ma contemporaneamente agisce e partecipa.

Attraverso la propria consapevolezza corporeo-affettiva, il ricercatore si integra così nel paesaggio urbano, riorganizzandolo simbolicamente attraverso la propria sensibilità, in altre parole lo modifica «narrandolo» fisicamente e affettivamente.

Ancora una volta: «Sono qui!»

Egli rigenera il campo di ricerca armonizzandolo con le proprie percezioni di protagonista di quello specifico spazio-tempo, di quello specifico cronòtopo.

In qualche modo agisce in quella dimensione praticata dagli aborigeni australiani che, cantando e camminando, fanno ri-vivere il «tempo del sogno», che nel nostro caso è il «tempo perduto» del luogo indagato, ciò che le memorie hanno dimenticato e che quell'agire rivitalizza e reinventa, secondo una modalità tipica del flâneur.

Ma la comunicazione fàtica può essere definita anche come lo stabilirsi di stati soggettivi simili in un gruppo. In questo senso l'agire fàtico si avvicina ancor più alle performance sciamaniche in cui i partecipanti vengono coinvolti gradualmente, attraverso la musica, il canto, la danza, in un'azione collettiva che si avvicina allo stato dello sciamano.

In questo modo l'osservatore-ricercatore modifica o semplicemente influenza – con «indeterminazione» – gli stati degli osservati, siano essi persone, luoghi o cose, armonizzandoli su una frequenza comune, che permette una sospensione dell'ordinario e aprire spazi inediti a ciò che non è stato ancora sperimentato.

SPAZIALITÀ

Il nomade è colui che non se ne
va, che non vuole andarsene, che
si attacca allo spazio liscio in cui
la foresta si ritrae, in cui la steppa
o il deserto crescono e inventa il
nomadismo come risposta a
questa sfida
(Gilles Deleuze e Felix Guattari)

La spazialità è quella particolare qualità
creativa di chi, attivamente e con
consapevolezza, «agisce lo spazio». Ha dunque
in sé una natura sovversiva e generativa.

In quanto sovversiva mette in dubbio
qualunque località, la nega in quanto struttura
di potere, griglia impersonale, gabbia delle
relazioni.

La spazialità è definibile dunque come
non-località, che implica la capacità di
sentire/percepire lo spazio con il corpo e oltre
i limiti epidermici del corpo, in altre parole
oltre la sua località.

La spazialità è anche atto ri-generativo della
località. «Agendo lo spazio» si crea una trama
di infinite località connesse e in divenire. È, in
questa accezione, località espansa, estesa,
tensione al limite e oltre i limiti. È località
vissuta oltre la località. È, per citare Gilles
Deleuze e Félix Guattari, «successione infinita
di operazioni locali». È libertà elettrica,

esplosione, effervescenza. È potenza e slancio di uno spazio carico di affettività.

La spazialità è una qualità dell'erranza, un'erranza nella pluralità. È «annullamento attivo» nella «pienezza del nulla», è il nomadismo inteso come «radicamento dinamico»; è, più semplicemente, capacità di abitare e, allo stesso tempo e dialogicamente, capacità di dis-abitare lo spazio; è un sapersi orientare che è anche un sapersi perdere, anche laddove gli spazi sono molto strutturati in luoghi come le città.

«Ciò che si perde nello spazio omologato e pianificato della città industriale moderna è proprio la possibilità di perdersi, dunque di fare quell'esperienza di spaesamento e di eventuale reintegrazione che è costitutiva dell'esistenza» (Franco La Cecla).

La spazialità in quanto capacità di mantenersi sul margine perenne tra l'orientarsi e il perdersi, è capacità di spaesamento e dunque di autentica esperienza, che significa anche sapersi svincolare dai percorsi precostituiti – le località, appunto – e immergersi nello spazio, anche quello più conosciuto, come fosse la prima volta.

Agendo lo spazio, il ricercatore errante pensa, vive e abita lo spazio come potenzialità infinita, una potenzialità in cui occorre sapersi consapevolmente dis-abitarsi/dis-abituarsi per attingere l'inedito, l'imprevisto, il meraviglioso. In questo senso l'etnografia sciamanica performativa cerca di portare alle estreme conseguenze il rapporto che s'instaura tra il ricercatore e lo spazio, lo dis-abita, per «agirlo», viverlo e vivificarlo diversamente. Lo dis-abita per dis-abit(u)arsi ad esso, ai suoi luoghi, alle identità che lo staticizzano, e dunque ad un potere che impone ogni luogo come il proprio luogo.

La spazialità non è un agire contrapposto alla località ma non diverso agire la località, una modalità di fruizione/azione svincolato.

Un altro aspetto che il concetto di spazialità lascia presagire è la possibilità di un diverso rapporto con i soggetti/oggetti presenti nello spazio che significa anche un diverso rapporto prossemico.

Da un punto di visto sociologico, antropologico e psicologico lo spazio è spazio della relazione. Come scrive Georg Simmel «l'azione reciproca tra gli uomini viene sentita – oltre a tutto ciò che essa è altrimenti – anche come riempimento dello spazio. Quando un certo numero di persone abitano isolatamente l'una accanto all'altra entro determinati confini spaziali, ognuna riempie appunto, con la propria sostanza e la propria attività, il posto che le è immediatamente proprio, e tra questo e il posto della persona vicina vi è uno spazio non riempito, in pratica un nulla. Nel momento in cui queste due persone entrano in azione reciproca, lo spazio tra di esse appare riempito e animato».

«Agire lo spazio» è allora anche agire la relazione, è anche essere attivamente partecipi della comunicazione con l'altro, che significa anche riempire «affettivamente» la distanza che ci separa dall'altro, senza che questo riempire implichi rigidità, confini, separazioni, gerarchie, potere. La spazialità è agire la «pienezza del vuoto».

In questo senso il concetto di spazialità ci porta nel cuore di una dimensione tutta da scoprire – e da ri-scoprire – che è la dimensione plurale, libera, liscia del nomade, una dimensione che non è marcata da muri, recinti, «striature», ma soltanto da «tratti» che si cancellano e si spostano con il tragitto. «Il nomade si distribuisce in uno spazio liscio, occupa, *abita*, tiene tale spazio, ed è questo il suo principio territoriale». (Deleuze e Guattari).

La spazialità è dunque condizione del nomade e condizione nomade.

Questa spazialità nomade è dimensione *an-tropica* – umana – per eccellenza, ma come ogni dimensione nomade è pure *en-tropica*, frutto di una dinamica instabile, perennemente in mutamento, plurale, metamorfica, è un agire dissipato in uno spazio che tende a dileguarsi, è un agire chiamato «ad abitare ciò che si dilegua». E questo proprio perché la spazialità, per essere pienamente esperita, richiede «una capacità performativa che tenga conto di un'imprevedibilità di fondo, la capacità di orientarsi entro un accesso illimitato di possibilità» (Giovanni Boccia-Artieri).

ECCENTRICITÀ

Non camminare sulle strade
maestre
(Pitagora)

La finzione del confine viene
perennemente smascherata da
coloro che fanno del transito,
dell'apertura e dell'agire
eccentrico una scelta di vita
(Fabio Natali)

Fuga/fughe dal centro, fuori dal centro, *ex
centrum*.

Non solo fughe ma anche semplici uscite.

L'eccentricità è l'uscita dal centro, prassi
spaziale centrifuga, moto periferico di
allontanamento, di distacco, ricerca di un
altrove dinamico ed erratico, slancio
dissidente verso l'esterno. L'eccentricità nega
il centro come punto di attrazione e
identificazione e nel far questo, nel negarlo, lo
pluralizza, lo moltiplica e lo dissemina,
proprio per vanificarlo.

Nella dinamica eccentrica il centro è
ovunque e da nessuna parte, perennemente
altrove eppure qui davanti a noi, in noi. Noi
siamo il centro ed è da noi in quanto
«persone» che deve partire lo slancio
eccentrico.

Nella cultura occidentale esiste una concezione della *persona* come «*centro dinamico* di consapevolezza, emotività, giudizio e azione, organizzato in un insieme distinto e contrapposto ad altri» (Clifford Geertz).

In realtà per rendere attuale questo nostro essere *persona*, pienamente se stessi, consapevoli, «centrati», presenti nel qui e ora del nostro essere e agire, occorre divenire eccentrici, occorre negare la «verità» di un qualunque centro fuori di noi, occorre, in altre parole, cercare di uscire dai «percorsi» pre-definiti, regolamentati e ordinati dai centri «istituzionali».

Essere *persona* significa, in altre parole, essere in dissenso con il «centro».

Eccentrico è il ricercatore errante, l'etnografo-sciamano-performer che erra, cioè che sbaglia e vaga (che vaga errando e erra vagando), che costruisce il proprio saper-fare sull'errore e sull'andare «trans-andante» e senza metà, che si allontana dal centro per esplorare le periferie sia quelle urbano-spaziali – oggi sempre più paradossalmente «in centro» – sia quelle della conoscenza – sviluppando approcci non tradizionali, non «professionali», non accademici, sperimentando metodologicamente l'*antistasis*, ovvero una modalità retorica che qui indica l'esplorazione concettuale di nuove e inedite possibilità di senso – sia quelle dell'essere – tessendo trame che lo connettono ad altre soggettività instabili e dissonanti in una relazione a-gerarchica, che sa mettere in dubbio anche se stesso come centro, che sa pluralizzarsi, che sa mettere in discussione l'unicità del proprio sé, accettando il fatto di essere una molteplicità esperienziale non riconducibile ad alcuna identità statica e immutabile.

L'eccentricità individua dunque tutte quelle modalità di agire che si fondano sulla trasgressione, sull'oltrepassare, sul «trans-andare» come si diceva. Identifica un tipo di agire non ordinario «in cui l'agire stesso, pur essendo evidentemente motivato da interessi, motivi o scopi [...], li trascende, allo stesso modo in cui l'identità di un essere umano (chi è) eccede le sue pratiche (ciò che fa) pur essendo inseparabile da esse» (Hannah Arendt).

L'eccentricità implica un essere sempre e comunque, fisicamente e culturalmente, altrove, ai margini.

È pratica liberatoria, antistrutturale (e anti-istituzionale), trasgressiva. In quanto trasgressiva rimanda, nel suo significato etimologico, al passare oltre e, dunque, a tutte quelle pratiche eccedenti, nel senso di un cēdere ex, di un «andar fuori», che implicano appunto un «andar fuori» centro - ex cĕntrum - ovvero da una matrice, da una struttura, da un ordine «potente» e «artificiale» che limita, confina, stabilizza.

È dal soggetto in quanto *persona* dunque che deve partire l'impulso centrifugo, il moto radiante che spazializza, che rigenera il luogo come spazio «affettivo».

Un tale spazio, uno spazio prodotto, cioè, da una molteplicità di «centri» disseminati e dislocati diviene un *reticolo*, cioè un intreccio di trame e percorsi in cui ogni nodo è un centro senza essere il Centro.

L'eccentricità produce spazi rotatori - come nel caso dei dervisci - spazi radianti - come nel caso degli aborigeni australiani - ma anche spazi «elastici» - come nel caso dei Fulani il cui «centro si sposta e con esso si allargano o restringono continuamente i confini dello stare e del muoversi». E, più in generale, produce spazi nomadi, spazi generati da un'arte dello scivolamento su territori sconfinati, un arte in quanto ricamo di percorsi continuamente decentrati, un arte il cui segreto sta nella capacità di spostare continuamente un centro di cui si è (in)sicuri.

Lo spazio eccentrico è dunque uno spazio de-strutturato o, meglio, spazio instabilmente strutturato (o strutturalmente instabile), che continuamente muta la sua struttura, la sua organizzazione, i cui segni svaniscono, che si reinventa momento dopo momento. È, in altre parole, il territorio de-territorializzato di Deleuze e Guattari, è il rizoma.

«Il rizoma connette un punto qualunque con un altro punto qualunque... Non è un fatto di unità, ma di dimensioni o piuttosto di direzioni in movimento... Il rizoma si riferisce a una carta che deve essere prodotta, costruita, sempre smontabile, connettibile, rovesciabile, modificabile, con molteplici entrate e uscite, con le sue linee di fuga».

Come il rizoma è lo spazio del labirinto, anch'esso sistema reticolare a-centrato. Nel labirinto tutto si decide localmente e in ogni luogo. Il labirinto, in realtà, non è un'architettura, il luogo geometrico di un qualche Dedalo, né un reticolo di senso di chi lo progetta o lo concepisce, ma lo spazio che si sviluppa davanti al viaggiatore che procede senza mappa nel reticolo stesso.

Senza mappa! La mappa di un territorio eccentrico non può che essere una psico-mappa, una mappa emozionale ed emozionante, cangiante, mutevole, che si modifica passo dopo passo, in altre parole una non-mappa.

«La mappa non è il territorio», scrive Korzybski. Qui nel significato più de-centrato possibile.

Il territorio prodotto dalle dinamiche eccentriche è un territorio mutante, senza punti di riferimento, senza centro/centri, è un (in)tracciato di percorsi che continuamente muta e fa perdere le sue tracce (le «straccia»), che vanifica i suoi centri perché li moltiplica, perché li dissemina ovunque.

Come scrive Massimo Ilardi, «la mancanza del centro elimina in maniera radicale la gerarchizzazione degli spazi e il conseguente ordinamento delle funzioni. Cade ogni possibilità di ordine riconoscibile... Lo spazio non è mai fissato, determinato in maniera rigida. È invece oggetto di continua manipolazione, usato in maniera flessibile.»

Sovvertendo gli usi e le funzioni dei luoghi e degli oggetti della propria esplorazione, in qualche modo de-centrandoli, la ricerca erratica e vagante si concretizza come modalità eccentrica e per questo anche «bizzarra» ed eretica, aprendo lo spazio alla pluralità acentrica della comunicazione reticolare.

SPONTANEITÀ

In ogni attività spontanea l'individuo
abbraccia il mondo.
(Erich Fromm)

Eliminare   l'intervallo   fra
comprensione e azione è il modo per
crescere verso la spontaneità
(Vimala Thakar)

Che cos'è la spontaneità?

È la manifestazione dell'energia di un corpo non «codificato», non domato, non assoggettato a segni e segnali, non determinato e condizionato nel suo essere e nel suo agire da schemi e norme di un qualche «potere istituzionale».

È, infatti, sempre più evidente il fatto che il corpo oggi rischia di essere sempre più assoggettato, determinato dall'esterno, da un altrove che è il luogo del potere e del segno. «Il regime dei segni è cambiato al punto da soggiogare il corpo» (Michel Foucault).

La spontaneità, così intesa, diventa allora non un semplice sinonimo di naturalezza, immediatezza o impulsività, ma un vero e proprio atto consapevole di resistenza e di ribellione.

La spontaneità è definibile come quello stato che *galleggia* sulla tecnica anziché esservi imprigionato.

Se poniamo l'attenzione sulla «tecnica», è facile affermare che non esiste una situazione complessa in cui non vi sia un'organizzazione e una sincronizzazione dei movimenti e delle percezioni. Ne deriva che dietro la spontaneità esiste sempre un lavoro di preparazione, un addestramento, appunto una tecnica – fosse pure la più elementare delle tecniche, come quella che abbiamo appreso «sperimentalmente» da bambini e grazie alla quale possiamo staccarci dal suolo e camminare eretti. La conclusione naturale di questo ragionamento è allora una sola: la spontaneità non esiste!

Ma se poniamo l'attenzione sul «galleggia», il paesaggio che si apre è di tutt'altra natura. Con spontaneità non si vuole, cioè, negare l'esistenza di una tecnica, ma piuttosto suggerirne un uso diverso, come punto di partenza. La spontaneità non può prescindere dalla consapevolezza dell'esistenza di una tecnica – qualunque essa sia – e di una competenza e questo al fine di non rimanervi imprigionati. La spontaneità diventa allora la capacità di trasformare la tecnica nel natante di una deriva dall'approdo incerto.

La spontaneità è assenza di finalità. La spontaneità è, in altre parole, «sovversione» dell'istinto meccanico di ripetizione ed esecuzione. Solo così la spontaneità può diventare quello stato di eccitazione che ci descrive Oswald de Andrade nel suo Manifesto Antropofagico ovvero «allegria di coloro che non sanno e scoprono», che non è tanto diverso dall'ungarettiana «allegria di naufragi».

La spontaneità esprime la sapienza di un soggetto capace di «danzare l'esperienza», di appropriarsene mentre la penetra, la attraversa, in qualche modo la «cammina», sapienza che è anche data dalla capacità di sfuggire alla serietà dei codici che costantemente minano la sua esuberanza e la sua ricchezza. (Clara Sinibaldi)

La spontaneità è ascoltare il corpo, un corpo pensante e osceno, capace cioè di uscire dalle categorie della cultura dominante che l'ha messo in ginocchio spogliandolo della sua molteplicità e ambiguità per darlo in pasto alle masse, schiacciato e ridotto ad un'unica dimensione, appiattito nella falsa promessa della giovinezza senza fine.

Spontaneità significa dunque salvarsi dalla banalità, dalla facile fruizione, dal potere delle istituzioni, dai cliché, dalla omologazione, dagli standard culturali, dalla tecnica.

La spontaneità diviene allora elogio della deriva, deriva come rifiuto del calcolo, come azione che si esplica nell'abbandono. Come nello zen dove «l'azione deve sorgere spontanea, perché solo così il bersaglio, la freccia e l'arco diventano un tutt'uno. E ciò in quanto il vero bersaglio dell'arciere è interno e può essere centrato solo abbandonando la presa della mira cosciente, dell'io calcolatore» (Massimo Canevacci).

Ancora una volta spontaneità come assenza di finalità, come abbandono dell'io calcolatore, presenza in sé e nel proprio corpo, assoluta, disciolta, liquida.

La spontaneità si esprime come corpo non «codificato», disciolto, non informe ma poliforme. Se il corpo del *robot* è la metafora moderna del corpo «codificato», di un corpo, cioè, preparato a reagire a dei segnali, al suo opposto il corpo del *monstrum* è l'immagine del corpo non «codificato», un corpo invadente, amorfo, proliferante. Il corpo del mostro è un corpo «spontaneo», un corpo che fluttua tra i segni e le forme, ambiguo, indecifrabile, incerto e indefinibile.

La spontaneità è, prima di tutto, mostruosità.

La mostruosità della spontaneità richiama l'idea di configurazione frattale, una configurazione cioè priva di confini euclidei, di strutture, di regolarità, una configurazione aperta al divenire, mutante, «galleggiante sulla tecnica», appunto poliforme e proliferante.

La spontaneità è il salto che introduce l'invenzione nell'esistenza (Fanon).

«Nel mondo in cui m'incammino, mi creo interminabilmente».

La spontaneità è una danza che cavalca il mutamento e che brucia come una fiamma, una fiamma all'interno della monotonia della vita quotidiana, una forma alchemica. È la «potenza espressiva, creativa e molteplice del *nonorder* [che] scorre senza doversi assoggettare né all'ordine né al caos» (Renato Rosaldo), che scopre nel suo farsi lo stupore e lo spaesamento. È la capacità del ricercatore di inventare, passo dopo passo, il proprio territorio e, con esso, la propria mappa, via via fino a un nuovo territorio, fino a una nuova mappa...

LEGGEREZZA

Due monaci zen stavano discutendo
della pesantezza dei corpi.
Uno disse: i corpi hanno peso.
L'altro disse: è la gravità ad aver peso.
Un mendicante passava da quelle
parti per caso. Egli disse loro: non i
corpi, non la gravità, è la mente che
pesa.
(Koan Zen)

Gli uccelli sono leggeri/
Gli alberi sono leggeri/
Gli uccelli sono alberi
(Sillogismo schizofrenico)

Se c'è una qualità che deve possedere il ricercatore errante questa è certamente la leggerezza: leggerezza della visione, leggerezza nell'osservazione, leggerezza nella riflessione, leggerezza nella esplorazione.

La leggerezza è leggerezza del corpo e della mente ovvero capacità si svincolarsi e di danzare la realtà che si sta esplorando.

La leggerezza è dinamicità dell'esperire, capacità di affrontare il «campo» in quanto «terra senza sentieri».

La leggerezza è la manifestazione schizofrenica di una mente che vuole addentare l'inedito, attraverso accoppiamenti (poco) giudiziosi, una mente che attraverso la follia («moròs») diviene acuta («oksýs»), che sceglie la contraddizione, il paradosso quale via maestra per l'illuminazione creativa, la scoperta stupita, la conoscenza con meraviglia.

Questo tema della *leggerezza* nasconde però il pericolo dell'eccesso, un eccesso prodotto dalla perdita di contatto con la concretezza, che è come dire perdita di contatto con la terra, con la conseguenza di vedersi volare via in balia di un qualunque vento.

Per questo occorre (ri)partire dal paradosso, prima di tutto fisico-corporeo, di una *leggerezza della pesantezza* ovvero della *leggerezza nella pesantezza*.

Nel paradosso la leggerezza può diventare sinonimo di un certo tipo di pesantezza, pesantezza, però, come capacità di dare il proprio peso, di usare il proprio peso, senza mai essere pesante, il che implica un «saper fare», una qualità pratica, una prassi corporea che può anche sconfinare in una dimensione «extra corporea» nel momento in cui diviene pesantezza della parola.

Il corpo è leggero in quanto non parla, non ha il dono della parola, ma tuttavia comunica, trasmette, comprende. Si tratta di una leggerezza/pesantezza non necessariamente controllata, ma distribuita, gestita, applicata, cosciente: la leggerezza come abilità del dare il peso.

La leggerezza della pesantezza è la capacità di volgere a proprio vantaggio la gravità della terra, è capacità di essere dentro la terra, radicati e al tempo stesso, e in qualunque momento, capaci di spiccare il volo, giocando con quella gravità.

Se l'essenza del nostro essere nel mondo è il corpo – un corpo via via performativo, sciamanico, danzante e/o danzato – allora parlare di *leggerezza* significa, prima di tutto, pensarla in relazione al corpo, per mostrare come essa, la *leggerezza*, non possa essere pensata e disgiunta da quell'idea di pesantezza e fisicità che termini come carne e, soprattutto, materia evocano.

Come scrive Italo Calvino a commento del mito greco di Medusa, «la pesantezza della pietra può essere rovesciata nel suo contrario», riferendosi al fatto che dal sangue della Gorgone decapitata da Perseo – eroe della leggerezza – sia nato il cavallo alato, Pegaso.

Del mito di Medusa ho già parlato a proposito dell'*immobilità*, evidenziando come quest'ultima non dovesse, in alcun modo, essere intesa come pietrificazione. Ebbene questa *immobilità* paradossale del corpo non può prescindere da quello stato di «grave levità» che è la *leggerezza*. In altre parole l'*immobilità*, per non cadere nella pietrificazione, ha bisogno della *leggerezza*, una leggerezza che altro non è che la capacità di saper aderire al proprio peso senza «farsi sprofondare» da esso. La *leggerezza* diventa così la qualità di essere «essenzialmente» pesanti, la capacità, cioè, di saper agire il proprio peso senza che quest'ultimo non diventi un semplice fardello da portare.

Conoscere il proprio peso significa dissolverne la compattezza. In ciò mi rifaccio, ancora una volta, a Calvino il quale, nella prima delle *Lezioni americane*, quella appunto sulla *leggerezza*, scrive: «Per Ovidio la conoscenza del mondo è dissoluzione della compattezza del mondo». A proposito di Lucrezio – il poeta della concretezza fisica – invece scrive: «per prima cosa ci dice che il vuoto è altrettanto concreto che i corpi solidi. La più grande preoccupazione di Lucrezio sembra quella di evitare che il peso della materia ci schiacci.»

Occorre evitare che la pesantezza ci schiacci, ma senza librarci sopra di essa in un irreale e illusorio volo d'Icaro. La *leggerezza* è, prima di tutto, dubbio, il dubbio della pesantezza, il dubbio sull'idea che abbiamo o che ci hanno trasmesso di pesantezza, il dubbio cioè che la pesantezza sia solamente un vincolo, un limite e che, proprio in quanto limite, essa non possa essere «agita», vissuta, trasformata.

Conoscere, dunque, la pesantezza, nel senso di conoscerla non solo intellettualmente ma anche corporalmente, di pensarla con il corpo, è la via che ci apre alla *leggerezza*, una *leggerezza* che non è la semplice accettazione della pesantezza, ma piuttosto la capacità di immergersi in essa come ci s'immerge nel mare senza affogare: saper nuotare la pesantezza, con la pesantezza, nella pesantezza. Ecco la *leggerezza!*

Come ha scritto Paul Valery «Il faut être léger comme l'oiseau, et non comme la plume»! Ma anche, si potrebbe aggiungere, comme l'arbre et non comme la feuille! Anche l'albero, infatti, anche il più imponente, può dare un'idea di leggerezza, per quanto radicato nella terra esso sia. E la *leggerezza* dell'albero, come quella più evidente dell'uccello, è di tutt'altra natura di quella della foglia o della piuma.

La *leggerezza* non è un abbandonarsi alla casualità delle correnti, non è neppure semplice capacità di volare – mito illusorio che non porta, di fatto, da nessuna parte – ma piuttosto capacità di essere nella pienezza del peso, senza per questo esserne imbrigliati ma soprattutto è la capacità di non dar troppo peso al peso.

FLUIDITÀ

Il termine "flusso" denota la
sensazione olistica presente
quando agiamo in uno stato di
coinvolgimento totale [ed è] una
condizione in cui un'azione segue
all'altra secondo una logica
interna che sembra procedere
senza bisogno d'interventi
consapevoli da parte nostra.
(Richard Schechner)

La *fluidità* è una qualità che implica, al contempo, un essere e un divenire.

Essa non può essere disgiunta da una relazione dialettica e dialogica con lo spazio, sia esso lo spazio interno/interiore – mentale, psichico – sia esso lo spazio esterno, fuori di noi, per così dire «fenomenologico», nel senso di ciò che percepiamo e viviamo attraverso i sensi.

La *fluidità* è la condizione di chi è fluido, di chi è nel *flusso*, di chi si affida al *flusso*, di chi è *flusso*, condizione, quest'ultima, acuta e irriducibile in cui le certezze sono consegnate alla nostra incertezza.

Essa è sinonimo di scorrevolezza, scioltezza, continuità ma anche d'instabilità, precarietà e mutevolezza, tutte qualità della ricerca errante sciamanica performativa, in altre parole di una modalità d'indagine che si (ri)costruisce e (ri)definisce passo dopo passo, che, aprendosi al mutamento di ciò che va indagando (qualunque oggetto d'indagine è sempre in divenire), non può che essere essa stessa mutevole, precaria, incerta nel proprio procedere e nei propri esiti.

Una ricerca errante per definizione non può essere fissata, immobilizzata, bloccata. Essa è sempre in stato di flusso, si adatta al contesto, senza mai perdersi di vista, e penetra in ogni anfratto, in ogni varco che incontra, agisce, in altre parole, la variabilità del cammino; è, per usare un'espressione di Michel de Certeau, «un movimento "diverso" che sfrutta le particolarità del terreno» e non semplicemente un liquido che si adatta alla forma di un corpo solido che lo contiene.

Il concetto di *flusso/fluidità* è anche ciò che definisce quello stato dell'io in cui le dualità svaniscono, bruciano, ardono, in cui «l'ego subisce una perdita, l'io diventa irrilevante», implica dunque un dissolvimento/ scivolamento molto affine agli sciamanici stati alterati di coscienza, ma anche quello stato di presenza/assenza evocata dal concetto di *mindfullness* tipico delle discipline sapienziali orientali, in particolare quella zen.

Il *flusso* è la fusione di azione e consapevolezza e quindi, come si diceva all'inizio, un essere e un divenire nel medesimo istante.

Una persona in stato di *flusso* non ha una prospettiva dualistica: egli è cosciente delle sue azioni ma non della consapevolezza stessa. Lo stato di *flusso* è uno stato in cui noi siamo talmente immersi nell'azione da non preoccuparci più della meta, in cui godiamo del tragitto o, ancor meglio, del flusso, dell'essere flusso e in-flusso.

«Lo scopo del flusso è di continuare a fluire, non di cercare una vetta o un'utopia, ma di rimanere nel flusso. Non è un'ascensione, ma un fluire continuo; ti muovi solo per rimanere nel flusso. Non esiste altra ragione di scalare che la scalata stessa» (Mihalyi Csikszentmihalyi).

Il concetto di *fluidità* richiama dunque un'idea di azione e movimento liquidi, senza meta, che non mirano ad arrivare da nessuna parte, che prediligono la scorrevolezza, l'adattabilità, la flessibilità di ciò che è liquido, di ciò che non ha forma, di ciò che ha in sé tutte le forme possibili. Un'azione segue un'altra azione secondo una logica interna, senza nessuna necessità apparente di un intervento consapevole da parte nostra. È il nostro intelletto, con le sue esigenze di controllo, che produce *la forma*, come schema descrivibile e che rifiuta *le forme* come molteplicità dell'unità, nell'unità, come compresenza della molteplicità.

Ciò che ci mostra lo stato di flusso è la complessità della nostra mente, una complessità non riconducibile al solo imperativo intellettuale. La mente è, piuttosto, la «trama che connette» di cui parla Bateson. «La mente individuale è immanente, ma non solo nel corpo: essa è immanente anche in canali e messaggi esterni al corpo». La mente è quel *continuum* corpo-mondo che possiamo ri-conoscere e ri-vivere nel flusso. La *fluidità* diventa allora una sorta di «ecologia» dell'agire e dell'esperire.

Agire nel *flusso* è agire se stessi, il proprio corpo, il mondo, che è, come dire, vivere.

La ricerca errante in quanto fluida non fissa lo spazio e non lega il tempo, non conserva mai a lungo la propria forma ed è sempre pronta a cambiarla. Ciò che conta è il flusso temporale più che lo spazio in cui si trova a indagare e che in pratica occupa per un momento. In quanto flusso «scorre», trabocca si sparge, filtra, tracima, cola, gocciola, trapela;

nel suo procedere aggira gli ostacoli, li scavalca, o ancora vi s'infiltra.

La fluidità della ricerca è infine quella del corpo del ricercatore, dei suoi gesti, è anche una fluidità dello sguardo che esprime la fluidità dell'io che agisce e che in tal modo si moltiplica, in una pluralità di situazioni e stati, costantemente all'erta, pronto a mutar forma in funzione di ciò che all'esterno accade o incontra. La sua è una condizione di costante «adattabilità alle circostanze», un abbandonarsi alla potenzialità plurale e pluriversa dell'essere-in-divenire, in altre parole una condizione di grande disponibilità all'imprevisto che è anche capacità di affrontare situazioni nuove al di là di quelle che sono le conoscenze acquisite.

FINALITÀ

Il vero viaggio di scoperta non
consiste nel cercare nuove terre,
ma nell'avere nuovi occhi
(Marcel Proust)

Salgono   sulla   montagna,
stupidamente e sudando; ci si era
dimenticati di dir loro che per
strada ci sono belle vedute.
(Friedrich Nietzsche)

Caelum non animum mutant qui
trans mare currunt
(Orazio)

Nel tentativo di rintracciare percorsi inediti
nell'approccio alla esperienza e alla ricerca,
non si può non incappare, prima o poi, nel
tema della finalità.

Che ogni gesto, azione, creazione debba
avere una finalità è tutt'altro che certo. Anzi,
una ricerca e una metodologia aperte
all'inatteso e al meraviglioso richiedono
un'apertura e una disponibilità che negano
l'idea di un ordine per un fine.

Ed è perciò che a un certo punto, stanco e
annoiato, il battello si deve fare ebbro e
discendere, indifferente a tutti gli equipaggi,
insoucieux de tous les équipages, e
abbandonarsi alla deriva delle acque inquiete.

In questo senso, allora, si potrebbe dire che l'essenza della finalità è la non finalità, ovvero il sottrarsi consapevole a una qualunque *necessità* di approdo.

Questa non-finalità però non ha nulla a che vedere con il naufrago, tale a causa di condizioni avverse, ma piuttosto con l'esploratore vagante o con il viaggiatore inquieto, con colui cioè che sceglie di andare alla deriva o di essere per la deriva, e ciò non per trovare nuove terre ma per immergersi nell'infinita e implacabile ricchezza dell'esperienza.

La finalità-non-finalità richiede al ricercatore la disponibilità ad aprire lo sguardo e a rigenerarlo (Marcel Proust), anche a sfuocarlo se necessario, oltre a quella *negative capability* che John Keats definisce come la capacità di stare nell'incertezza, nel mistero, nel dubbio senza l'impazienza di correre dietro ai fatti e alla ragione. Si tratta in altre parole della capacità di tollerare e di convivere con ambiguità, contraddizioni, imprevisti, paradossi, nonché di tollerare l'ansia e la paura di restare nella indeterminatezza, e ciò nel tentativo di permettere l'emergere di nuovi pensieri, nuove percezioni, nuove scoperte. Attraverso questa disponibilità è possibile allora entrare in contatto con ciò che non si conosce, ciò che deve ancora accadere o apparire e che può essere colto solo da un'intuizione.

Questa sorta di *finalità inquieta* del ricercatore implica dunque il non dover e voler arrivare da nessuna parte, il non dover ossessivamente e affannosamente *mutare caelum*, il che significa per il soggetto essere l'azione che sta compiendo o ciò che sta facendo. La finalità diventa così un non-fare o un non-agire, ma, meglio ancora, secondo l'espressione taoista, un'azione-senza-azione, un'agire-senza-agire: *wei-wu-wei*.

La finalità-non-finalità è apertura allo sterminato spazio potenziale della performance, etnografica, artistica o sciamanica che essa sia. In questo senso il ricercatore-performer non ha altra via che scegliere di calarsi nell'azione stessa e sperimentarne tutta la pluralità, procedendo a vista.

Il suo agire non può essere che un agire fuori tempo e fuori dal tempo, un agire scoordinato, in uno sterminato presente, un presente che non ha, e non può avere, termine poiché ogni gesto, ogni movimento, ogni azione assorbe qualunque rigurgito di finalità, un agire che diventa così perennemente *altrove*. Non più avanti o aldilà di qualche limite, ma semplicemente altrove, in un indeterminabile *ove*, poiché non è dato conoscerne i mutamenti se non nel momento stesso in cui essi sono già avvenuti e l'azione ha intrapreso una nuova direzione.

La finalità non finalità annulla i confini, scioglie gli orizzonti, indetermina gli approdi e frastaglia i punti di arrivo e così trasforma questi confini, orizzonti, approdi, punti di arrivo, in margini ubiqui, in orli slabbrati, in punti instabili di appoggio e slancio, in nuovi perenni rinvii e ripartenze, lasciando dietro di sé null'altro che un'azione felicemente incompiuta.

Ma soprattutto sgretola ogni strutturazione, ogni organizzazione data del paesaggio che il ricercatore si trova ad attraversare. Nulla è più predeterminato e ogni luogo, familiare o meno che sia, ogni spazio, interiore o meno che sia, diventa una *distopia aliena*, un topos da risintonizzare, riscoprire, ripensare, riconoscere per la prima volta.

PERDERSI

Non sapersi orientare in una città non
vuol dir molto. Ma smarrirsi in essa,
come ci si smarrisce in una foresta, è
una cosa tutta da imparare.
(Walter Benjamin)

Sii qui adesso.
Ama il viaggio.
(Ram Dass)

Il fatto di perdersi testimonia quella
parte di sogno o anche di desiderio
dell'altrove che continuamente ci
tormenta.
(Michel Maffesoli)

Perdersi non è un invito al caotico e casuale
esplorare, ma un diverso approccio alla
ricerca e alla scoperta.

Perdersi, infatti, è la capacità di uscire, di
deviare da percorsi prestabiliti e preordinati,
di scivolare fuori dalle usuali cornici di
riferimento (sia territoriali sia cognitive) per
trovare nuove modalità di approccio e
relazione.

Perdersi è lo sviarsi e smarginarsi di una
soggettività che volge lo sguardo altrove, che si
concede all'ebrezza dello spaesamento,
all'emozione desiderante dell'incedere, che
sceglie di andare alla deriva, di abbandonarsi
alle «irragionevoli» sollecitazioni del terreno e

degli incontri, al paesaggio che muta e si dilegua.

Perdersi significa transitare i confini e attraverso i confini. È il disorientamento prodotto dall'ovunquità sconfinata del vagare, un vagare al tempo stesso intenso, distratto, emozionato che diviene anche uno svagarsi, un errare che si concede al piacere di «ricrearsi» e rigenerarsi.

Perdersi è arte della distrazione, un deviarsi, sviarsi, allontanarsi da ciò cui la mente dovrebbe tendere. È l'arte del volgere la mente in altro uso, del frastornarla – distoglierla – da un dato ordine di azioni, di pensieri, di sentimenti conosciuti e utilizzarla per scopi non previsti, del confonderla, distogliendola appunto, da ciò che è noto per «fonderla con» ciò che è ignoto. Il perdersi come arte della distrazione è dispersione/dissipazione della mente che può così immergersi in un fluire spontaneo d'immagini e aprirsi a nuove possibilità percettive.

Perdersi non è un'episodica fuga dalla realtà, ma un suo approfondimento, uno sprofondamento in essa, tramite l'immaginazione creativa, sollecitata da un corpo-mente desiderante.

Perdersi è nella natura del viandante, dell'inquieto errante, di chi è per la via, che procede senza meta, che si fa viaggio, ma non viaggia (perché viaggiare è già avere un percorso, una meta), di chi sceglie la via come condizione al tempo stesso esperienziale ed esistenziale, di chi è andante, di chi gode del semplice andare, che va via, che se ne va. (Friedrich Nietsche)

Perdersi significa anche abbracciare la sfida del labirinto, un sistema solo apparentemente razionale ma da dove una volta entrati è difficile tornare indietro, significa optare per una navigazione a vista, che permette di cogliere le cose man mano che sorgono, che si affacciano sul percorso, è l'invito all'errare nella babele labirintica dell'esistenza, nel «giardino dei sentieri che si biforcano» (Jorge Luis Borges), nell'indeterminazione dei molti mondi quantistici.

Perdersi è il desiderio del ricercatore di essere errante, è l'agire che sconfina nella meraviglia, è lo stupore senza fine dell'essere qui e ora, è il desiderio di altrove che nasce quando si è altrove; è, insomma, non è una semplice azione, ma una «passione» (Franco La Cecla).

Perdersi è l'accettazione di essere diventato senza radici, estraneo anche a se stesso. È l'emozione che si prova nell'esplorare nuove frontiere, nuove vie, che apre a nuove possibilità cognitive.

Perdersi non significa avere difficoltà a orientarsi, a ritrovare la direzione o la strada di casa. Perdersi è passione per lo straniamento/dislocamento attivi, è desiderio ardente di attraversare le soglie, i limen, ovvero tutti quegli spazi di transito/contatto in cui la propria soggettività e quella dell'altro si confondono, s'intrecciano, si confondono, è godimento e vertigine dello sradicarsi per rigenerare il proprio sé e accedere a nuove possibilità cognitive, percettive, emotive.

Perdersi è un ri-abitare i luoghi dopo averli dis-abit(u)ati.

Perdersi è l'erranza intesa come «deterritorializzazione dolce» (Michel Maffesoli), è il concedersi all'instabilità tellurica di un territorio precario che produce il desiderio dell'esilio, e forse anche l'esilio. (Michel Maffesoli).

Perdersi comporta però anche un procedere con cautela, come lo stalker di Tarkovsky, guida «illegale» esperta di inter-zone, che non sa mapparle ma solo attraversarle, che avanza con duttilità e flessibilità, consapevole che solo in questa sua «debolezza» sta la sua potenza, la potenza di una perenne distrazione, che nel significato originario indica non una disattenzione ma la capacità creativa di «utilizzare qualcosa per scopi non previsti».

Buon viaggio!

Camminare

> Non camminare sulle strade maestre!
> (Pitagora)

> La strada diventa un appartamento per il bighellone, che si sente a casa propria tra le facciate degli edifici come il borghese tra quattro pareti. Alle lucenti targhe di smalto su cui sono scritti i nomi delle ditte, attribuisce il valore che il borghese attribuisce a un olio appeso nel suo salotto. I muri sono il leggio su cui appoggia il suo quaderno d'appunti, le edicole gli fanno da biblioteca, e le terrazze dei bar sono i bow-window da cui, al ritorno dal lavoro, contempla l'interno del suo alloggio.
> (Walter Benjamin, Passeges)

> Il camminare è un mezzo privilegiato di osservazione (Henry David Thoreau)

> Walk without rhythm and you won't attract the worm. (Paul Atreides)
> (Frank Herbert, Dune)

Se c'è un'arte che il ricercatore errante deve saper praticare questa è l'arte del camminare.

Il camminare è stato oggetto di diverse e ripetute riflessioni nel corso del tempo soprattutto a partire dall'ottocento, da David Thoreau a Honoré de Balzac e Charles

Baudelaire, da André Bréton a Guy Débord, per cui mi limiterò solo a qualche breve suggestione.

Il camminare in quanto «espressione artistica» non ha nulla a che vedere con quella modalità quotidiana ripetitiva e regolare con la quale ci rapportiamo allo spazio urbano, modalità che consiste nel percorrere itinerari noti da un punto fisso a un altro.

Essa è piuttosto una danza che procede in maniera sregolata e senza meta, curiosa e anarchica, sulla spinta di suggestioni, intuizioni, impressioni suscitate dal paesaggio esterno e dal nostro stesso stato d'animo.

Il camminare è un'esplorazione del mondo e di sé fatta attraverso deviazioni continue e imprevedibili, è un intrecciarsi articolato e complesso di idee, sensazioni ed esperienze, di pensieri, emozioni e gesti, di sentieri, strade e percorsi.

È una scrittura fisica capace di raccontare un luogo attraverso gesti impercettibili e sguardi furtivi da parte di un soggetto in incognito che procede lasciando segni tangibili ma invisibili, colorando il mondo senza che il mondo lo venga a vedere.

È un procedere per attrazioni, uno spostamento che segue il magnetismo lirico dei luoghi, che predilige la trasgressione poetica per sfuggire all'intrico dei percorsi abituali.

Il camminare non porta da nessuna parte, non lega nessuno a sé o a qualche luogo, ci lascia liberi di pensare senza perderci totalmente nei pensieri.

È piacere dell'andare e del lasciarsi andare, desiderio di fusione con l'esperienza e capacità di perdersi, desiderio dell'altrove e passione dell'erranza.

Il camminare comporta una disponibilità all'inedito e all'imprevisto, allo stupore e alla meraviglia, richiede la capacità di sorprendersi e di lasciarsi sorprendere, di abbandonarsi all'ebrezza del momento, all'atmosfera dei luoghi, all'ineffabile saggezza del *genius loci.*

Il camminare è capacità di creare e intonare personalissime *songlines* emozionali, di intercettare e penetrare sfuggenti *leylines* passionali.

Il camminare richiede intento inflessibile, sguardo impeccabile e la capacità di passare inosservato. (Carlos Castillejos).

Richiede una sensibilità visionaria in grado di cogliere l'invisibile nel visibile, l'insieme nel dettaglio, l'eternità in un'ora (William Blake).

Extro(verso)
L'approdo errante

> E alla fine di tutte le nostre
> esplorazioni
> Arriveremo là da dove siamo
> partiti
> E conosceremo quel luogo per la
> prima volta.
> (T.S. Eliot, *Quattro Quartetti*)

Questo che ho voluto intitolare *Extro* non intende essere una conclusione di quanto è stato in precedenza scritto, ma piuttosto un tentativo, forse ambizioso o forse solamente lezioso, di creare una via di uscita dalle sabbie mobili del testo, un tentativo di «condurre fuori» il lettore-viaggiatore sprovveduto che pensava di trovare la chiave del labirinto ma che invece nel labirinto ci si è perso, suo malgrado (sic!).

Ciò premesso

l'approdo di una ricerca errante è sempre mancante, incerto, dislocante, spiazzante, è un approdo provvisorio, corsaro e arrembante, un approdo che deborda e sconfina, che non segna un punto di arrivo ma piuttosto l'ennesimo punto di partenza di un vagare lirico-conoscitivo che osa sconfinare nell'infinito.

Non rintracciabile in nessun portolano cognitivo-affettivo, nel momento stesso dell'attracco esso è rimesso in gioco, ripensato, negato, contraddetto.

È un approdo che si colloca oltremare, al largo, fuori da qualunque acqua territoriale, tangente l'orizzonte, un orizzonte sempre ultimo (*ulter*), già al di là, oltre, inafferrabile allo sguardo, alla visione ordinaria.

In quanto errante, l'approdo diventa luogo dell'evanescente e del disvelamento, luogo in cui il ricercatore, voltandosi indietro, guardandosi alle spalle, vede svanire tutto ciò che credeva di avere colto e raccolto, ma al tempo stesso luogo da cui può cogliere, anche solo per un istante, il mondo come estensione sterminata, groviglio di infinite possibilità. E così ripartire.

È il luogo in cui lo sguardo si concede alla seduzione dell'infinito, uno sguardo che non vede semplicemente ma piuttosto «sente», uno sguardo «accorato», sciamanicamente e poeticamente uno sguardo-cuore.

L'approdo errante è il luogo dove l'incantesimo diviene incanto, dove la magia evanescente diviene canto interiore che connette, dove ciò che è indeterminato diviene sublime e vago, dove i limiti diventano sfumature impercettibili, sensibili mescolanze di riflessioni, idee, suggestioni.

Luogo paradossale ed eretico, l'approdo errante diventa allora un osservatorio caleidoscopico, un luogo transitorio da cui vedere mutare il proprio modo di pensare e immaginare il mondo.

Da questo osservatorio si può allora intuire che esiste una poeticità disciolta nella ricerca errante che la rende non solo stupita e meravigliata di tutto ciò che incontra sul suo cammino ma anche capace di cogliere *correspondances* ovunque si posi il suo sguardo/tocco emozionato, senza che ciò comporti la costruzione/definizione di un sistema.

Ne deriva piuttosto una mappa – *ayant l'expansion des choses infinies* (Charles Baudelaire) – che non vuole essere territorio *tout court* ma piuttosto ambizioso garbuglio di leylines affettive, folgorante tessuto connettivo di «attrattori» emozionali, che altro non sono che una sterminata articolazione di intuizione e desiderio, di passione e delirio.

La ricerca errante non può allora giungere a una sintesi (l'approdo di cui sopra), essendo un «sentire» piuttosto che un «conoscere», in cui l'intuizione prevale sulla comprensione e in cui la relazione reciproca che si instaura con la realtà esterna porta a confondere soggetto e oggetto, interno ed esterno, *dans une ténébreuse et profonde unité* (Charles Baudelaire) .

E questa corrente misteriosa che unisce interno ed esterno, anima e mondo, che è capace di cogliere analogie misteriose e sfumature impercettibili riporta perennemente la ricerca lontano dall'approdo, là dove il mare si confonde con il cielo:

Mais l'amour infini me montera dans l'âme,
Et j'irai loin, bien loin, comme un bohémien,
Par la Nature, - heureux comme avec une femme.
(*Sensation*, Arthur Rimbaud)

NOTE
DELIRI, SCARTI E QUALCHE RARA ASSENNATEZZA
UNA MAPPA PER PERDERSI

CON NOTE QUI INTENDO ANNOTAZIONI, APPUNTI, MA ANCHE SEGNI MUSICALI, OVVERO ELEMENTI CHE POSSONO ESSERE COMBINATI E RICOMBINATI, CASUALMENTE O CAUSALMENTE, FINO A FORMARE, TALVOLTA, UN'ARMONIA.

UN COUP DE DÉS JAMAIS N'ABOLIRA LE HASARD (STEPHANE MALLARMÈ)

NON SONO E NON POSSONO ESSERE IN ORDINE ALFABETICO.

QUELLO CHE SEGUE È UNA VERSIONE «SPORCA» DELLE PIÙ TRADIZIONALI NOTE A PIE' PAGINA, PUR IN ASSENZA DI NUMERAZIONE E DI RIFERIMENTI SPECIFICI AL TESTO. SI TRATTA DI BREVI ACCENNI A CONCETTI CHE OGNI TANTO RICORRONO NEL TESTO O CHE SAREBBERO POTUTI RICORRERE (SE L'AVESSI VOLUTO) O CHE POTREBBERO RICORRERE (SE LO VORRETE).

IN ORIGINE ERA UNA MAPPA CONCETTUALE NATA IN OCCASIONE DI UN LABORATORIO PER LE CLASSI DEL LICEO CLASSICO NELLA QUALE GLI STUDENTI AVREBBERO DOVUTO PERDERSI PER POI RIEMERGERE CON SOLO TRE/QUATTRO DI ESSI. POI IL LABORATORIO HA PRESO UN'ALTRA DIREZIONE E LA MAPPA È FINITA IN UN'ANONIMA CARTELLA DEL MIO MAC.

Quando gesti e parole vanno alla deriva, quando ogni abitudine è dirottata e tutto il mondo esterno sembra prendere un piacere maligno a confondere le piste, si potrebbe immaginare tutta una «filosofia del trasloco», fondamenta di pietre a secco le cui parti costituenti, prese allo stato bruto e lasciate autonome, devono reggere esclusivamente in virtù della gravità e non richiedono l'artifizio di alcun cemento per restare unite fra loro.

(Leiris, Biffures).

SMOTTAMENTI

Gli smottamenti sono scivolamenti semantici artificiali – nel senso di opportunamente provocati – al fine di trovare nuove vie di scorrimento al senso e all'immaginario.

Non si tratta di vere e proprie alterazioni di significato ma piuttosto di ripensamenti, in chiave spesso etimologica e po(i)etica, di termini e concetti inquinati dal senso comune e dalla pratica quotidiana al fine di rigenerarli, ricrearli, ri-finalizzarli.

È qualcosa di affine ai giochi di parole pur attenendosi maggiormente ai significati originari.

DISPLACEMENT

Displacement significa collocare e collocarsi fuori dei propri luoghi tradizionali, del proprio luogo comune. La parola indica la capacità trasformare, accogliere, analizzare come fosse la prima volta tutto ciò che ci appare come consueto e ovvio. Si tratta di attuare una rimozione attiva dei significati abitudinari per dislocarsi verso nuove appartenenze semantiche.

EPISTEME

È l'insieme delle conoscenze proprie di un gruppo, ovvero un corpo di saperi formato da una prassi, da una tecnica o modo di fare e da una teoria o modo di vedere. Questo corpo di saperi dà forma a quel che sarà percepito e conosciuto. Ha una natura molteplice e, spesso per questa ragione, ribelle rispetto alle manipolazioni. È visione dall'interno di un tessuto di reciprocità, una compenetrazione di percezioni intime e di modi di sussistere, una visione condivisa di quel che occorre qui e ora.

DISPOSITIVO

Il dispositivo è una matassa, un insieme multilineare, composto da linee di natura diversa. Queste linee non delimitano né circoscrivono sistemi omogenei ma seguono direzioni, tracciano processi in perenne disequilibrio. Talvolta si avvicinano, talvolta si allontanano le une dalle altre.

Ogni linea è spezzata, soggetta a variazioni di direzione, a biforcazioni (parallele), a derivazioni. È sempre in una *crisis* che si scopre una nuova linea. Ogni conoscenza, in un certo senso, è un po' sismica, non subisce evoluzioni ma procede per crisi, per scosse.

Ci sono linee di sedimentazione ma anche linee di incrinatura, di frattura. Sciogliere la matassa delle linee di un dispositivo significa ogni volta tracciare una carta, cartografare, misurare terre sconosciute: e questo è ciò si può chiamare «ricerca sul campo». Bisogna cioè disporsi su quelle linee che non soltanto formano un dispositivo, ma lo attraversano e lo spostano in tutte le direzioni. (Gilles Deleuze)

METODO (*METHODOS*)

Il metodo è un percorso, una via, un sentiero che si intraprende con l'unica certezza di andare oltre le proprie certezze. È come un *mantra*, ovvero uno strumento della mente (in sanscrito *tra*) per andare oltre la mente (in sanscrito *man*). Etimologicamente la parola deriva dal greco *methodos* e significa «via» (*hodòs*) «che conduce oltre» (*metà*). Oltre che cosa? Oltre le apparenze. Per andare oltre le apparenze il metodo deve ricorrere all'immaginazione dato che solo l'immaginazione può arrivare davvero oltre ciò che appare.

FLÂNERIE

La flânerie è una sorta di *arte botanica da marciapiede*, una modalità al tempo stesso oziosa e analitica, errante e vagante di conoscere il tessuto urbano. La caratteristica principale è la passione per lo sguardo, grazie alla quale tutto diventa paesaggio, un paesaggio fatto di pura vi(s)ta. La flânerie è anche l'arte di attraversare la folla, rimandone sempre al di fuori. La folla nasconde, rende anonimi. Nella folla si può mostrare solo ciò che si vuole mostrare. Stare fra la folla significa vivere l'al-di-fuori del proprio spazio, vuol dire sentirsi ovunque a casa propria; vedere il mondo, essere al centro del mondo e, nel contempo, restare nascosti al mondo. (Walter Benjamin)

NONORDER

Il non-order è una via alternativa che va oltre la tradizionale dicotomia tra ordine e caos, che scorre senza doversi assoggettare né all'ordine né al caos. È una zona intermedia caratterizzata da improvvisazione e da quella che si potrebbe definire *evenemenzialità contingente*, ovvero da tutte quelle cose spontanee e sperimentali che si fanno quando le cose vanno male o non vanno come ce lo si aspettava.

Il non-order è spazio decentrato (o pluricentrato), mobile e fluido, dove le soggettività prevalgono sulla struttura. È una zona di indeterminatezza dove i soggetti sviluppano la loro creatività, la loro capacità di improvvisazione, uno spazio dove sperimentano la loro capacità di gestire gli impulsi, i cambiamenti di direzione, gli eventi imprevisti.

Il non-order è un'intersezione trafficata, un luogo nel quale si intersecano un gran numero di processi distinti, un incrocio che si limita a tracciare uno spazio attraversato da tragitti differenti piuttosto che racchiuderli tutti al suo interno. (Renato Rosaldo).

PSICOGEOGRAFIA

La psicogeografia può essere definita come l'esplorazione emozionale dei paesaggi urbani attraverso la pratica della deriva. Si propone lo studio delle leggi e degli effetti che l'ambiente geografico produce sul comportamento affettivo degli individui. Studia, cioè, le correlazioni tra psiche e ambiente, sovvertendo i presupposti della geografia classica al fine di ridefinire creativamente gli spazi urbani.

La psicogeografia è un gioco e al tempo stesso un metodo per determinare le forme più adatte di decostruzione di una particolare zona metropolitana.

FANTASMAGORÌA

Il termine deriva dal greco *phàntasma*, presenza illusoria ma anche apparizione di persona assente, e *agorèyô*, parlo, da *agorà*, la piazza, il luogo dell'adunanza. Dunque la fantasmagoria richiama sia uno spazio pubblico dove avviene la comunicazione e lo scambio sia l'arte di confondere verità e apparenza, luogo e assenza di luogo, ciò che è reale da ciò che è potenziale, l'arte appunto di «parlare ai fantasmi», cioè di richiamarli, di farli apparire come figure luminose in fondo a una profondità oscura, l'arte o capacità di attrarre ciò che è lontano e passato.

In particolare la fantasmagoria dei luoghi non riguarda semplicemente la loro illusorietà, ma piuttosto il fatto che sono abitati da presenze e assenze, da persone e fantasmi, da simultaneità e da paure, in cui si incrociano e si incarnano fantasie e desideri, in cui avviene un continuo focalizzarsi-sfocalizzarsi della visione e della percezione.

OZIO (*OTIUM*)

L'ozio è l'essenza della ricerca; è la capacità di rallentare, di dilatare il tempo per osservare più in profondità la realtà e poter creare relazioni più intense e penetranti.

L'ozio è spensieratezza del vagare e afflato dell'esplorare. È l'arte dell'attesa senza finalità. L'ozio permette di calarsi nella realtà del «campo», nella sua anima, per viverla secondo quelli che sono i suoi tempi naturali e in questo modo comprenderla in profondità (Giampaolo Nuvolati).

L'ozio è essenziale per la ricerca in quanto impedisce alla razionalità di prendere il sopravvento sulla spontaneità e sulla creatività (Herman Hesse).

ERESIA

Il termine eresia deriva dal greco *airesis*, il cui significato originario era «presa, scelta, elezione, inclinazione, proposta». Dunque l'eresia non è qualcosa che è imposto da fuori, da altri, ma una scelta esplicita del soggetto che la esercita. Essa definisce anche la capacità di valutare tra più opzioni, nonché la volontà di non essere asserviti a nessuna regola o dogma stabiliti apriori.

SONGLINES

«Gli uomini del Tempo Antico percorsero tutto il mondo cantando: cantarono i fiumi e le catene di montagne, le saline e le dune di sabbia. In ogni punto delle loro piste lasciarono una scia di musica. Avvolsero il mondo intero in una rete di canto» (Bruce Chatwin)

Le vie dei canti sono linee immaginarie che attraversano un intero territorio, un intrico di percorsi sognanti dove ogni «episodio» è un luogo «sacro», dove ogni «canto» è contemporaneamente narrazione poetica e mappa del territorio, rappresentazione musicale delle caratteristiche geografico-topografiche di esso e suo racconto mitologico affettivo.

Percorrendo e cantando la Via, un uomo diventa la pista, e il canto stesso che l'ha generata.

ATTO POETICO

L'atto poetico crea un'altra realtà in seno alla realtà ordinaria. Ci permette di scoprire un altro piano. Grazie a questi atti si aprono le porte di una dimensione nuova.

L'atto è un'iniziativa premeditata che determina una frattura nell'ordine della morte perpetrato dalla società, non è la manifestazione incontrollata di una ribellione cieca. Esso permette di manifestare energie normalmente represse o latenti in noi. L'atto non cosciente conduce al vandalismo e alla violenza. L'atto poetico deve essere sempre positivo, cercare la costruzione, non la distruzione.

L'atto è *azione*, non *reazione* vandalica.
(Alejandro Jodorowsky)

CRONÒTOPO

Il cronotopo è un tempo incarnato in un luogo: un concetto fisico, prima ancora che letterario o sociologico, che si afferma in polemica con uno spazio e tempo astratti di tipo euclideo, raccogliendo le sollecitazioni della teoria della relatività di Einstein.

Il cronotopo, usato come chiave interpretativa, non rappresenta solo una sintesi di spazio e tempo, ma di diversi spazi e diversi tempi (biografici, relazionali e sociali).

Nel cronotopo spazio e tempo hanno sempre una coloritura valutativo-emozionale, poiché sono legati alla dimensione dell'esperienza come vissuto: non sono solo dunque qualcosa di esterno che «ci accade» in modo contingente, così come capita che piova o ci sia il sole, ma qualcosa che ha un legame con la nostra storia, la costruisce e viene valutato in rapporto ad essa: il tempo, dunque, è un tempo vissuto, ancorato a un luogo e a delle relazioni, qualitativamente connotato. (Massimo Canevacci)

DERIVA

La deriva è qualcosa di qualitativamente diverso dal viaggio e dalla passeggiata, perché mira al riconoscimento degli effetti psichici del contesto urbano. Essa comporta sia la rinuncia a mete prefissate e l'abbandono alle sollecitazioni del territorio, sia il controllo delle variazioni psicologiche. È una navigazione senza meta che si prefigge di comprendere lo spazio urbano in quanto terreno passionale.

T.A.Z. *TEMPORARY AUTONOMOUS ZONE*

Le T.A.Z. sono zone temporanee che eludono le normali strutture di controllo sociale, sistemi non gerarchici basati sulle relazioni in cui a ogni soggetto viene offerta la possibilità di liberarsi dai meccanismi imposti. Il miglior modo di creare un sistema non gerarchico basato sulle relazioni, è di concentrare il tutto nel presente e di dare la possibilità a ognuno di liberare la propria mente dai meccanismi che ci sono stati imposti.

Le T.A.Z. sono necessariamente temporanee in quanto qualsiasi tentativo di farle durare oltre il breve momento in cui si sono formate, le fa deteriorare sino a divenire un sistema strutturato, che inevitabilmente debilita la creatività individuale. (Hakım Bey)

ATTRATTORI

Gli attrattori sono punti di scorrimento tra ordine e disordine, tra coesione e dissipazione, che avviano percorsi esplorativi indecifrabili all'origine. Sono grovigli di una matassa, punti di attrazione istintivi ed emozionali a partire dai quali il ricercatore dipana la propria erranza. Sono i nodi della mappa frattale che si genera durante una fruizione distratta.

GENIUS LOCI

Il genius loci è un termine che definisce lo spirito di un luogo, il suo «carattere», la sua capacità di essere sintesi mobile di abitudini consolidate e passaggi repentini, di linguaggi articolati e strutture radicate, di ambienti plurali e culture diversificate, di percorsi fluidi e architetture infiammate.

È spirito trasversale che attraversa territori e ridisegna mappe. È un «saper vedere», capacità di cogliere e raccogliere l'enigmatica bellezza disseminata nei paesaggi. È capacità rabdomantica di cogliere l'invisibile che sta dietro al visibile, di percepire l'emozione contenuta in un'immagine, lo splendore emanato da uno scarto.

Il genius loci è la guida del ricercatore incessante, che oscilla tra percezione approfondita e dispersione assoluta, tra la vertigine del volo e l'ebrezza della caduta. È essenza del luogo, relazione profonda con esso, capacità di cogliere dietro un paesaggio «trame ed enigmi», di interpretare segni, presagi, narrazioni, semiologie, di afferrare la «sacralità» di un luogo, ovvero ciò che è attaccato, avvinto, a esso.

Il genius loci è la «divinità» del non-luogo che si cela in ogni luogo, «signore» dello scavo emozionante, «demone» dell'incontro e dell'incanto.

RÊVERIE

La rêverie è quello stato tra sonno e veglia in cui tutto il nostro universo immaginifico, la nostra potenza immaginativa ha modo di dispiegarsi. In un certo senso equivale al *sogno lucido* di certe tradizioni sciamaniche. È superamento del pensiero logico-razionale attraverso un nuovo «sognare» che permette di cogliere e comunicare la «vita segreta» che «anima tutte le cose».

Nella rêverie l'immaginazione espande le immagini in maniera intuitiva e immediata, si arricchisce di poeticità, si concede al vago/vagare e si abbandona alla fantasticheria attraverso cui il soggetto scopre le possibilità di accrescimento del proprio essere.

ÜBERSPRUNG

Übersprung è quello scarto laterale, apparentemente fuori contesto, che è un segreto ancora insondato del comportamento.

Übersprung è "volgersi altrove, passare ad altro, manifestare il gesto del distacco, come un addio. La divagazione dal tema, l'evasione da una parola, e insieme la caccia alle parole, il disfarsene: sono altrettanti modi mentali dello scrivere", oltre che di vivere, che poi, a questo punto, è la stessa cosa. (Fleur Jaeggy, *Sono il fratello di XX)*

FRUIZIONE DISTRATTA

Distratta non significa disattenta o superficiale. La fruizione distratta è la capacità di uscire, deviare e deviarsi da percorsi prestabiliti e imposti dall'esterno per aprirsi a nuove modalità di approccio e relazione. È un'apertura all'inedito che appare quando il percorso non è preconfezionato. Distrarre è quindi qui inteso nel suo significato originario, ovvero nel senso di «utilizzare qualcosa per scopi non previsti». E in ciò sta l'essenza di ogni creatività.

STRANIAMENTO

Lo straniamento è lo sconvolgimento della percezione abituale della realtà, al fine di rivelarne aspetti nuovi o inconsueti. È il diventare stranieri a se stessi, un portarsi fuori da sé che significa dis-abitarsi e dis-abituarsi, ovvero un defamiliarizzarsi con tutto ciò che è abitudinario in modo da lasciare spazio all'inedito e alla differenza.

VAGO/VAGANTE

Il concetto di *vago* è stato recentemente indagato da Massimo Canevacci nelle sue esplorazioni etnografiche sulle arti contemporanee. Partendo da Boccaccio e da Leopardi il termine vago diventa nella sua ricerca una sorta di combinazione oscillante tra l'abbandonarsi alla bellezza (*Vaghe stelle l'Orsa*) e al viaggiarsi. L'etnografia diventa così un vagare metodologico e l'etnografo colui che gira e si muove, si sposta e cammina con lentezza abbandonata quanto attenta ai minimi dettagli.

NEGATIVE CAPABILITY

La capacità negativa è la capacità di stare nell'incertezza, nel mistero, nel dubbio senza l'impazienza di correre dietro ai fatti e alla ragione perché incapace di rimanere appagato da una mezza conoscenza. È la capacità di tollerare e di convivere con ambiguità e paradossi, di essere in grado di accontentarsi di mezza risposta, di tollerare l'ansia e la paura di restare nell'incertezza, nel tentativo di permettere l'emergere di nuovi pensieri o percezioni. Significa entrare in relazione con ciò che muta e che ci terrorizza senza cedere

al pressante istinto a reagire, significa dunque
tollerare una perdita di sé e sostenerla.

La capacità negativa coincide con lo sforzo
costante di rimanere aperti, permeabili a ciò
che ci viene dall'esterno. Si identifica
fondamentalmente con una modalità non
difensiva e con la volontà di rendersi
vulnerabili, per essere sempre aperti a
sensazioni e percezioni, un rendersi umile
dell'io per evitare di appiccicare alla realtà
significati che vengono principalmente da una
volontà razionale di interpretarla.

È una sorta di abbandono consapevole
attraverso cui si accede alla conoscenza che
deriva dall'esperienza.

AMNESIA

L'amnesia non è una perdita, ma un liberarsi
dai lacci del passato. Un togliere ogni
legittimità ai custodi della memoria, che ne
hanno sempre fatto un uso personale.
L'amnesia è un mezzo di trasformazione, una
spinta al mutamento e alla sperimentazione di
cose immaginate impossibili, un modo per
modificare percezioni e visioni.

L'amnesia è dimenticanza attiva, è quella
facoltà che permette ogni tanto di fare un po'
di silenzio, un po' di tabula rasa della

coscienza, per creare posto per il nuovo, per prevedere, per predeterminare. (Friedrich Nietzsche)

CORNICE

Più che essere la delimitazione di una superficie, la cornice è quasi il contrario, è la messa in relazione col fuori. Non è semplicemente un limite statico che perimetra una forma ma una tensione che mette in discussione ogni delimitazione. La cornice è forza che si espande, potenza che sposta il pensiero sul fuori, lo decentra e lo libera. Non lo pone semplicemente in relazione con il fuori ma lo sposta sul fuori, lo mette decisamente in fuga. (G. Deleuze).

DÉTOURNEMENT

Il détournement è l'arte di appropriarsi degli oggetti o delle immagini comuni sottraendoli dai loro contesti culturali usuali e risituandoli in modo incompatibile, disturbante e disorientante in modo da mettere in discussione o sfidare gli stereotipi o i preconcetti della società.

L'idea-limite del détournement è che qualunque segno, qualunque vocabolo, è suscettibile di essere convertito in qualcosa d'altro, addirittura nel suo contrario.

SERENDIPITY
La serendipity è cercare un ago in un pagliaio e trovarci la figlia del contadino. (Julius Comroe Jr.).

La serendipity è la fortuna di fare felici scoperte per puro caso e, anche, il trovare una cosa non cercata e imprevista mentre se ne stava cercando un'altra. La serendipity richiama il fatto che in ogni scoperta deve essere insito qualche elemento di casualità: se il ricercatore sapesse già esattamente quello che sta cercando, non avrebbe bisogno di cercarlo, bensì gli basterebbe avere una conferma di una realtà che già prevede esista.

RADICAMENTO DINAMICO
Si tratta di una bipolarità che spiega l'antagonismo paradossale di ogni esistenza. Si appartiene a un luogo e a partire da questo luogo si creano dei legami, ma perché entrambi assumano pienamente il loro significato, occorre che siano, realmente o illusoriamente, negati, superati, trasgrediti. Tutto si vive in uno stato di tensione, di permanente incompiutezza.

Il limite (del radicamento) non può essere compreso che in funzione dell'erranza, così come, viceversa, l'erranza necessita del limite per acquistare un senso. (Michel Maffesoli)

LEYLINES

Le leylines sono alterazioni psico-cognitive che l'uomo produce in un territorio.

Esse sono una costruzione soggettiva e sovraindividuale (né vera né falsa) che rivela la condivisione temporanea di una certa forma di vita tra i membri di un'équipe psicogeografica.

Disegnare ley-lines, viverle e renderle pubbliche è un modo per mettere in discussione l'organizzazione di un territorio basata su traiettorie imposte, vere e proprie ley-lines del potere, che non solo ci costringono sempre agli stessi noiosi percorsi e quindi a frequentare tutti i giorni gli stessi posti, ma che condizionano profondamente l'ecologia cognitiva in cui siamo immersi, in modo da stordirci, stressarci, insomma succhiarci più energie possibili.

Le ley-lines diventano così un modo per sottrarre la nostra energia messa a lavoro nella macchina dello spettacolo e restituirla alla sovversione desiderante. Sottrarre energia significa allora farsi frattale, ovvero creare degli agganciamenti tra persone e fra queste e l'ambiente, creando così le condizioni per la liberazione di un luogo attraverso lo scioglimento dei flussi del dominio e creando ambienti psico-geodeticamente favorevoli. (Luther Blisset)

APPENDICI

L'APPENDICE È QUALCOSA CHE, LETTERALMENTE, «È SOSPESA».
DI SEGUITO SONO PRESENTATI ALCUNI PROGETTI NON REALIZZATI DOVE L'APPROCCIO ETNOGRAFICO, SCIAMANICO, PERFORMATIVO TROVA O POTREBBE TROVARE UNA SUA MODALITÀ DI ATTUAZIONE E DI ESPRESSIONE.

R.E.M.
RICERCHE ETNOGRAFICHE METROPOLITANE

PRESENTAZIONE

Il progetto, di carattere principalmente etnografico, intende proporre all'interno del festival «Ammutinamenti» modalità inedite e sperimentali di quella «ricerca sul campo» che è il segno distintivo delle discipline socio-antropologiche.

QUALCHE NOTA IN MERITO ALLA RICERCA ETNOGRAFICA

La ricerca etnografica contemporanea, quantomeno una sua parte fondamentale, ha da tempo assunto come proprio «campo» d'indagine privilegiato la metropoli, spazio e specchio riflettente dell'instabilità e della dispersione delle odierne identità culturali. Ma proprio in quanto spazio instabile e mutevole, continuo intrecciarsi e sovrapporsi di differenze e contraddizioni, di conflitti e di ambiguità, la città sfugge alla presa dello «sguardo partecipante» tipico del lavoro antropologico, sfugge e lo mette in crisi.

Se, da un lato, la metropoli, in quanto oggetto di ricerca, si è rivelata essere una giustapposizione di frammenti di esperienze, eventi, persone, cose, edifici, strade, non riconducibile ad alcuna unità, e dunque inafferrabile nella sua totalità e complessità, dall'altra, la ricerca etnografica, nel suo «riavvolgimento» critico, nel suo ripensamento epistemologico, non ha potuto non affermare la propria incapacità «storica» di comprendere pienamente l'alterità.

Da qui la necessità di sviluppare nuovi approcci e nuovi metodi di osservazione che sappiamo non solo avere una maggiore capacità di presa sull'oggetto che intendono studiare – a partire dalla stessa negazione del dualismo oggetto/soggetto – ma anche proporsi come realtà dinamica, in mutamento, plurale alla stregua del proprio oggetto di indagine per eccellenza: la diversità culturale di cui la metropoli ne è sempre più testimone e ambito di esperienza attivo.

IL PROGETTO R.E.M.

Da queste osservazioni preliminari nasce il progetto R.E.M., sigla che raccoglie intorno a sé diverse suggestioni, ma soprattutto un'idea di approccio inedito alla realtà urbana, un'idea, per così dire, di metodo – per quanto la rigorosità che dovrebbe appartenere a quest'ultimo per definirsi tale è ben lungi dall'essere qui realizzata, almeno in questa fase embrionale.

Ora, per prima cosa, l'acronimo R.E.M. richiama alla mente la realtà del sogno. La fase R.E.M., rapid eyes movement, è la fase del sonno in cui sogniamo.

Come il sogno consiste in una giustapposizione, articolazione di immagini, visioni, frammenti delle nostre esperienze di vita presenti, passate e future – non sempre, anzi quasi mai, riprodotte in maniera fedele, ma re-inventate e re-immaginate continuamente – così il progetto R.E.M. intende indagare la realtà urbana attraverso l'articolazione, la giustapposizione, la sovrapposizione dei suoi frammenti, delle sue suggestioni, delle sue immagini – come dei fotogrammi ritagliati via dal contesto della pellicola – il tutto filtrato dalla sensibilità dei corpi in azione, creando via via dei quadri di riferimento plurali e in continuo mutamento.

In questo modo l'osservazione, la trascrizione, l'interpretazione, la rappresentazione, tipici momenti della ricerca scientifica, si possono

arricchire di una sensibilità creativa, capace di
aprire lo sguardo oltre i limiti dell'orizzonte.

R.E.M.
POETICA PER UN PROCESSO IN CORSO

R.E.M. è prassi corporea, etnografia
sensoriale, emozionale, cognitiva a un tempo,
assemblaggio di corpi e di sensi prima ancora
che di visioni e sguardi

R.E.M. è *monstrum*, atto e azione del
mo(n)strare come deformazione della visione,
produzione di eccedenze visuali, ricerca
incompiuta di uno sguardo corporeo altro

R.E.M. è Residuo, Resto di Esperienze
Emozionali Multiple e Moltiplicate, appunto
RR.EE.MM. eccedenze di segni ed eccessi del
segno, glossolalia e delirio, follia della parola
che si fa corpo

R.E.M. è un tentativo di esplorazione
corporeo-affettiva delle qualità spaziali di un
luogo, del suo costante movimento e
mutamento in quanto intreccio di esperienze
ed esistenze in divenire, e, al tempo stesso,

tentativo di comunicarne l'esito, o quel che ne rimane, attraverso l'articolazione e la giustapposizione poetica dei suoi frammenti, «a un tempo policromi, polifonici e polimorfi»

R.E.M. è il corpo come limite trasportabile.

R.E.M. è, ovviamente, psicogeografia, ovvero esplorazione emozionale di paesaggi urbani attraverso la pratica della deriva, o meglio ancora psicosomatogeografia, come dovrebbe sempre essere, laddove l'una, la psiche, non può esistere, se mai è esistita, senza l'altro, il corpo-soma.

R.E.M. è archeologia futurista, passione per i futuri resti di un presente in atto irrimediabilmente trascorso, tentativo di recuperare memorie, immagini e materiali umani e urbani, già accaduti, che accadono e che potrebbero accadere. «Istruita da una molteplicità di eventi in cui circola senza possederli, essa calcola e prevede anche «le molte strade del futuro» combinando le particolarità antecedenti o possibili» (De Certeau).

R.E.M. è il corpo che «tritura» un luogo per farne un altro luogo, un proprio momentaneo luogo, è un abitare improprio e spurio, canto di corpi ed eresia di passi.

R.E.M. è rivolta antieuclidea, contro ogni potere della toponimia, un abbraccio istantaneo e localizzato di frammenti di spazio tempo.

R.E.M. non è una carta geografica ma una raccolta di storie, leggende, miti istantanei e in divenire, fatti di corpi, gesti, emozioni, energie.

R.E.M. è un diario di bordo, è racconto fisico di un luogo che si fa spazio esperienziale, è intreccio di mappe sonore e graffiti gestuali, è narrazione di passi che attraversano la città, narrazione per frammenti di corpo, discorso-percorso, corpo narrante, atto poetico e peripatetico

R.E.M. è anche, ovviamente, sogno, montaggio di elementi eterogenei in un processo sincretico, re-invenzione del quotidiano attraverso tattiche di aggiramento, sviamento, spaesamento, attraverso *rapid eyes movements*, rapidi movimenti dello sguardo, attraverso la sua accelerazione e distorsione, la sua rimodulazione continua dentro le dinamiche di un corpo in situazione.

R.E.M. è estasi sensuale, viaggio sciamanico nel/del desiderio del corpo, che pulsa, vibra, ascolta, riverbera, osserva, pensa

R.E.M. è perciò trance performativa, scorrimento palindromo lungo le direttrici energetiche di una zona o meglio di un'interzona, qualità quest'ultima di ogni ritaglio urbano, sempre margine, sempre passaggio, sempre transito per qualcosa o qualcuno

R.E.M. sceglie perciò di vivere per tutto un giorno e soprattutto per tutta una notte, dal tramonto all'alba, il suo desiderio di ardere, il desiderio ardente dei corpi, *in girum imus nocte et consumimur igni*, sceglie di «girare» per tutta una notte e «mettere a fuoco» un corpo/luogo, per poi sfuocarsi e guardarsi sonnambulare

R.E.M. è flusso Sotterraneo e Ammutinato, agire estraneo alla logica spettacolare dei corpi in danza, scivolamento interstiziale, recupero dello spazio come habitat e *habitus*, rifiuto di una cornice-festival a cui perciò aderisce come soffusa e discreta *leyline*, come tacito e silenzioso *potlatch*

R.E.M. è, infine, Ricerca Etno(coreo)grafica Metropolitana, contenitore adattabile di «policrome, polifoniche, poliformi» Ricerche Etnografiche Metropolitane.

ATTUAZIONE PRATICA

Per far questo, R.E.M. coopterà i danzatori invitati al festival nel ruolo di ricercatori sul campo e proporrà loro un'esplorazione cognitivo-emozional-cinestesico di uno o più spazi urbani, per poi riferirne al coordinatore del progetto.

Lo spazio scelto per quest'anno potrebbe essere il «Giardino Speyer», nei pressi della stazione ferroviaria, vero e proprio luogo di transito (dalle 7,30 alle 21,00) e margine (dalle 21,00 alle 7,30).

In questo spazio i vari danzatori-etnografi (minimo 8) verranno accompagnati a turno, nell'arco di ventiquattro ore, e videoripresi. Verrà loro richiesto di attraversarli e di captarli, leggerli, osservarli corporalmente e quant'altro per circa tre ore, secondo le modalità proprie di ognuno, frutto del lavoro specifico fatto sul corpo attraverso la danza. Poi verrà loro chiesto di parlarne in una videointervista in cui verranno sottoposti ad alcune domande, di cui è possibile esemplificarne alcune:

- Prima di tutto, che tipo di ricerca sul corpo svolgi?

- Nella tua esperienza, che tipo di relazione hai instaurato con il tuo corpo?

- Che tipo di relazione instauri tra il tuo corpo e lo spazio che ti circonda (sia esso quello quotidiano o quello scenico)?

- Venendo allo specifico di questa esperienza, che tipo di spazio hai «agito»? Descrivilo.

- Ora passiamo a un secondo aspetto. Che tipo d'immagine ti sei fatto di questo spazio?

- Che tipo di emozioni hai vissuto? Che tipo di emozioni hai rilevato?

- Che tipo di sogno hai fatto su e in questo spazio? In altre parole che viaggio hai compiuto?

- Più in generale che cosa hai visto/percepito che a occhio nudo non si vede? Qual è, secondo te, l'immagine di questo spazio, l'immagine che si vuol dare di esso e l'immagine che esso in realtà dà?

- Quali sono le caratteristiche principali di questo spazio e dei suoi fruitori?

- Che relazione hai instaurato con lo spazio e i suoi fruitori

Come ultima fase, il progetto prevede infine di assemblare il materiale raccolto in un documentario etno-coreografico dello spazio scelto quale oggetto di indagine.

L'esplorazione avrà luogo dalle 19,00 di giovedì 16 settembre 2004 alle 19,00 di venerdì 17 settembre 2004 e sarà suddivisa in otto turni o cronotopi:

1° cronotopo: dalle 19 alle 22

2° cronotopo: dalle 22 alle 2

3° cronotopo: dalle 2 alle 6

4° cronotopo: dalle 6 alle 9

5° cronotopo: dalle 9 alle 11.30

6° cronotopo: dalle 11.30 alle 14

7° cronotopo: dalle 14 alle 16.30

8° cronotopo: dalle 16.30 alle 19.00

Per ogni cronotopo saranno presenti almeno un danzatore e un operatore audio-video (è prevista infatti anche la registrazione a parte dei suoni del luogo prescelto). Al termine del turno avrà luogo un'intervista a caldo con possibilità di un approfondimento il giorno successivo in un focus di gruppo.

NIGHT PORTERS
LA NOTTE ALLE PORTE

I could ever explain/ this feeling of love that just fingers on/ the fear in my heart that keeps telling me/ which way to turn

We'll wonder again/ Our clothes they are wet/ We shy from the rain/ longing to touch all the places we know we can hide/ the width of a room that could hold so much pleasure inside

Here am I alone again/ A quiet town where life gives in/ Here am I just wonder/
Night porters go/ Night porters slip away.

I'll watch for a sign/ And if I should ever again cross your mind/ I'll sit in my room and wait until the night life begins/ and catching my breath we'll both brave the weather again
(*Night Porter*, Japan)

PRESENTAZIONE

Il presente progetto vuole raccogliere la sfida del progetto R.E.M. e calarsi ulteriormente, quale realtà sotterranea del festival Ammutinamenti, nella ricerca etnopoetica sulla città.

Del progetto R.E.M. Night Porters accoglie, oltre alla intenzione etnografica – inerente la ricerca ed esplorazione di specifici luoghi urbani attraverso l'amplificazione corporeo-affettiva dei corpi «allenati» e «sperimentati/sperimentali» dei danzatori – anche e soprattutto il rimando teorico e «suggestivo» al mondo del sogno, di cui non solo la notte ma anche il simbolismo della porta costituiscono dei forti richiami.

A tutto questo si aggiunge il fascino ambiguo, più volte tratteggiato nella letteratura, nel cinema e nella musica, del portiere di notte, di cui i vari danzatori dovrebbero incarnare lo spirito, secondo la propria personale sensibilità.

ATTUAZIONE PRATICA

Per realizzare il progetto N.P. verranno scelti alcuni danzatori invitati al festival, verrà loro assegnata una porta della città – tra le quali anche due andate distrutte e di cui oggi non rimane traccia evidente – e verrà loro chiesto di interpretarne liberamente la memoria e lo spirito, nel duplice ruolo di portiere notturno/genius loci.

Nel corso di unica notte, il pubblico verrà condotto «ritualmente» da una porta all'altra seguendo una sorta di «pista di sogno» aborigena, punteggiata da queste porte e dai corpi «totemici» dei portieri di notte.

Una fase ulteriore ed eventuale del progetto, potrà aver luogo dopo lo spettacolo, quando, rimasti soli, i danzatori proseguiranno in una ricerca (ora più di carattere etnografico) sullo spazio-porta assegnato, sullo schema del già citato progetto R.E.M.

DANCESCAPES
DISLOCAZIONI PERFORMATIVE
PREMESSA

Il presente progetto nasce con la finalità di sviluppare in deriva le suggestioni e le idee nate nel corso del convegno organizzato nel 2001 all'interno del festival di danza urbana «Ammutinamenti».

In particolare la dinamica essenziale che da quel convegno si vuole estrarre e riproporre è la relazione, scivolamento, sovrapposizione, intersezione, giustapposizione tra *il gesto e la parola.*

È bene precisare che non si tratta di una parola che si propone come commento al gesto, ma piuttosto di una parola che si «performa» essa stessa – alla stessa maniera del gesto – secondo le proprie personali e uniche derive «glossolaliche», diviene espressione fluida e continua, ombra che parla, «presenza» che svanisce. L'obiettivo, dunque, non è quello di ottenere un unico momento performativo – evento quest'ultimo, in ogni caso, non deprecabile – ma quello di lasciar scorrere liberamente il significato dell'uno e dell'altro, dell'uno sull'altro, in modo da creare un effetto di indeterminatezza e spaesamento. Entrambi, il gesto e la parola, possono rivelarsi così, per usare un'espressione di Lévi-Strauss, «significanti fluttuanti», possono, nel loro scivolamento reciproco, scoprirsi «impuri», come un delirio sciamanico o un gesto inconsulto. In questa sorta di «tettonica» performativa, la parola potrà diventare allora puro ritmo per il gesto, così come il gesto flusso di coscienza per la parola.

CIÒ PREMESSO:

Dancescapes è, prima di tutto, un progetto sulla performance, qui intesa nel suo significato antropologico più ampio, come propone Richard Schechner, e che comprende le ritualizzazioni animali così come la gestualità quotidiana per arrivare «fino al gioco, agli sport, al teatro, alla danza, a cerimonie, riti e performance di grande magnitudine».

Dancescapes è «messa in scena» della performance come agire culturale.

Dancescapes è un progetto sulla dislocazione performativa, ovvero sulla frammentazione, disgiunzione, ma anche ri-localizzazione, della performance, tra comunicazione, cultura e tecnologia.

Dancescapes è un progetto sull'ibridazione dei generi performativi e delle culture, sulla contaminazione tra pratiche tradizionali e nuove forme comunicative.

Dancescapes vuole ricercare nella performance un «saperci fare» che è capacità di sopravvivenza all'interno dei contemporanei flussi globali, che è capacità di far(si) «mente locale», che è, in altre parole, capacità di «glocalizzarsi», di essere presenza inquieta e mobile tra globalizzazione e localizzazione.

Dancescapes è un progetto sulla molteplicità e pluralità della performance.

Dancescapes è, dunque, «fuga» (escape) dalla danza come attività e tecnica performativa codificata e spettacolare, dalla danza come disciplina e «Arte».

Dancescapes, è anche e-scapes, paesaggio elettronico

Dancescapes è spazio rizomatico, interzona della performance, intreccio, groviglio di «paesaggi performativi» che scivolano e si sovrappongono ai consueti paesaggi metropolitani.

Dancescapes è anche giustapposizione di frammenti performativi multipli al fine di ricreare e rigenerare il contesto della (loro) «messa in scena»

Dancescapes è, in altre parole, un «multiverso performativo» sovversivo e ricreativo.

Dancescapes: dislocazioni performative.

STRUTTURA E ARTICOLAZIONE DEL PROGETTO

Il progetto complessivo si articolerà in tre momenti più o meno disgiunti: laboratori, performance e convegno, questi ultimi due intrecciati in un unico evento finale, all'interno di una stessa cornice spaziale o in scatole-spaziali multisequenziali, secondo la formula del «pellegrinaggio polifonico», evoluzione di quanto già sperimentato in «Ammutinamenti».

Le scene e gli eventi non devono aver luogo necessariamente uno di seguito all'altro, ma, anzi, contemporaneamente e in più punti e senza soluzione di continuità, in modo da creare un effetto straniante nello spettatore.

Dove possibile i laboratori – che avranno un carattere sia teorico sia pratico - dovrebbero essere finalizzati a produrre una performance finale, per la quale i partecipanti potranno contribuire sia in termini puramente pratico-esecutivi sia, auspicabile, in termini ideativi, al fine di «mettere in scena» consapevolmente la «devianza» di ogni singola personalità.

In altre parole, dovrebbero preparare i partecipanti all'evento ma anche permettere di adattare l'evento alle personalità e alla cultura dei partecipanti. I workshops potrebbero essere strutturati anche solo come seminari teorici di preparazione alla visione dello spettacolo specifico.

Nutrimenti
Simposio finale del convegno *Flussi, derive, trasgressioni*

Presentazione

«Nutrimenti» è l'evento che conclude AMMUTINAMENTI e i suoi EFFETTI COLLATERALI.

«Nutrimenti» è l'inter-spazio in cui convegno e festival si abbandoneranno a un abbraccio fatale.

«Nutrimenti» è sia per il corpo sia per la mente.

«Nutrimenti» è l'intersecarsi di corpi, voci, cibi e visioni in un unico evento.

«Nutrimenti» è l'occasione per i relatori di cercare una conclusione, fallendo! Nessuna conclusione può essere data.

«Nutrimenti» è una piattaforma girevole, un trampolino a 360°, un punto di partenza e slancio.

«Nutrimenti» è un progetto in progress. Poche cose possono essere dette ex ante. Tuttavia qualcosa occorre dire.

Con «Nutrimenti» il convegno si propone di trovare un approdo, quanto mai malfermo, per la nave dei folli di AMMUTINAMENTI.

Che cosa significa, ha significato e può significare ancora un festival di danza urbana come AMMUTINAMENTI?

A questa domanda dovrebbe cercare di rispondere questo evento finale. Tuttavia nessun significato definitivo potrà essere accertato. Nessun certificato di qualità potrà essere rilasciato. «Nutrimenti» sarà un punto di domanda senza domanda.

Con «Flussi, derive, trasgressioni», AMMUTINAMENTI da festival si fa convegno. Propone a se stesso di riflettere sul proprio senso. Ma lo fa a modo suo. Così trasforma la parola in evento performativo esso stesso. La parola e il significato entrano in gioco, ma per farlo debbono danzare. Provocazione? Azzardo? Eccesso? Può darsi, ma l'unico modo per ridare un senso alla parola (alla parola comune, quotidiana, come a quella colta, accademica) è di re-inscriverla nel mondo per rivitalizzarla. Sperimentare nuovi spazi e nuovi contesti è il modo con cui il convegno di AMMUTINAMENTI cerca di trovare un nuovo spazio e una nuova linfa alla parola.

Per tre giorni relatori e danzatori intrecceranno le loro esperienze e soprattutto i loro linguaggi. Parleranno di mondi distanti, con linguaggi distanti. Talvolta troveranno un contatto, talaltra saranno agli antipodi. Corpo, voce, spazio, parola si intrecceranno nel caos, scenderanno giù nel Maelstrom. Hic et nunc! Sic!

Con «Nutrimenti» infine la voce uscirà dai corpi, corpi estranei, nel tempo così come nello spazio. Voci differite per corpi divorati. Ecco il Nutrimento.

NOTA ESPLICATIVA

Nutrimenti è il momento finale del convegno in cui i relatori (in diretta o in differita) proporranno alcune riflessioni su quanto avranno visto. Come in ogni simposio, saranno intorno a una tavola imbandita e mangeranno insieme al pubblico e via via che mangeranno, i corpi di due danzatori (fin allora coperti di cibo) cominceranno a muoversi. Parola-movimento-nutrimento-cibo. Un buffet fisico, antropofagico, sarà occasione per le conclusioni finali del convegno. Buon appetito!

ATTRAZIONE F(R)ATTALE
APPUNTI PER UNA FRUIZIONE MUSEALE
DISTRATTA

Nell'accezione qui proposta la fruizione distratta non è una fruizione disattenta o superficiale, piuttosto è una modalità di approccio che predilige le deviazioni non comuni, la trasgressione dei percorsi ordinari e preconfezionati. Essa esprime una libertà e un approccio inedito allo spazio museale che viene utilizzato (fruito) per scopi non previsti.

L'approccio nasce come alternativa giocosa per bambini annoiati che non riescono a seguire gli usuali itinerari museali e che hanno bisogno di muoversi liberamente negli spazi espositivi con il solo ausilio della loro incontaminata e incontrollabile capacità intuitiva.

La fruizione museale si sviluppa per *attrattori*, ovvero punti verso i quali l'attenzione/intuizione del bambino viene attratta. Questi punti diventeranno i nodi di una mappa frattale che si viene generando pian piano nel corso dell'esplorazione.

In ogni sala il bambino viene lasciato libero di stare o muoversi (purché in silenzio). Qui, può osservare i quadri e lasciarsi catturare dalla loro incomprensibile «energia archetipica». Al termine deve sceglierne uno, quello da cui è stato «attratto», senza necessariamente spiegarne il motivo.

Poi si procede in un'altra sala e si ripropone l'esercizio (in presenza di gruppi ampi in ogni sala al termine dell'esplorazione si propone un confronto al fine di individuare solo due o tre quadri).

I quadri attrattori scelti costituiranno la mappa del bambino che dovrà essere decifrata dalla guida e che anzi dovrà elaborare una presentazione connettendo tutti gli *attrattori* individuati.

In alternativa il bambino stesso può provare a raccontare liberamente la propria mappa.

MOVIESCAPES
PAESAGGI URBANI TRA FLÂNERIE E CINEMA
BREVI NOTE A MARGINE DI UN POSSIBILE
PROGETTO

Moviescapes è un progetto di ricerca urbana filtrato attraverso la lettura del saggio di Giampaolo Nuvolati, *Lo sguardo del flâneur*, e la visione di alcuni film.

In particolare il progetto vuole suggerire qualche connessione cinematografica ai fini dell'esperienza sul campo vera e propria.

Nel suo saggio Nuvolati cerca di comprendere quale contributo il flâneur può apportare nell'analisi del paesaggio urbano, intendendo con questo ultimo termine non solo gli sfondi naturali o artificiali che caratterizzano la città ma anche le figure che la popolano quotidianamente.

Nello specifico l'esperienza del *flâneur* è un'esperienza fisica (carnale quasi) ed emozionale. I contesti privilegiati della sua azione e riflessione sono i luoghi urbani, nei quali cerca di cogliere il riverbero di qualche inafferrabile genius loci o di leggerne l'essenza attraverso forme di rêverie che mettono in crisi le immagini più ricorrenti o le metodologie più accreditate.

Tre sono le possibili modalità di realizzazione di una *flânerie*, tutte e tre riconducibili a un immaginario cinematografico che diviene stimolo per la *mise-en-scène* della ricerca, tre modalità che potremo definire rispettivamente come <u>esplorativa, osservativa e di affiancamento</u>.

Nel primo caso, la flânerie si configura come esplorazione emozionale del paesaggio urbano attraverso la pratica della deriva, ovvero come esplorazione libera e itinerante. Il verbo *flâner* significa infatti "errare senza meta fermandosi spesso a guardare" e in questo senso il film che meglio esemplifica questa modalità è *Blow up* di Michelangelo Antonioni, in particolare la scena nel parco in cui si svolge la "scena primaria", fotografata da Thomas durante il suo vagabondare.

Relativamente alla seconda possibilità, quella osservativa, va rilevato che la pratica essenziale del flâneur, come già evidente nel film di Antonioni appena citato, è quella dell'osservazione rivolta al contesto e della riflessione. Lo sguardo è fondamentale perché è l'atto con cui il flâneur prende possesso della realtà circostante.

Per rendere ancora più evidente la forza della modalità osservativa, viene scelta come seconda modalità l'osservazione da luogo fisso, come ben viene esemplificato in un episodio del film *Smoke* di Wayne Wang, dove Auggie racconta del suo esperimento di scattare una foto tutti i giorni alle otto in punto del mattino dello stesso posto con ogni sorta di tempo:

AUGGIE (sorridendo, fiero di sé) Più di quattromila foto dello stesso posto: l'angolo fra la Terza Strada e la Settima Avenue alle otto in punto del mattino. Quattromila giorni uno dopo l'altro fotografati con ogni sorta di tempo. (Pausa). Ecco perché non posso mai prendermi una vacanza. Devo essere là ogni mattina. Ogni mattina nello stesso posto allo stesso momento. Il posto è lo stesso, ma ogni foto è diversa dall'altra. Ci sono le mattine col sole e quelle con le nuvole, c'è la luce estiva e quella autunnale. Ci sono i giorni feriali e quelli festivi. C'è la gente con cappotto e stivali e la gente in calzoncini e maglietta. Qualche volta la gente è la stessa, qualche volta è diversa. E talvolta la gente diversa diventa la stessa mentre quella di prima scompare. La terra gira intorno al sole e ogni giorno la luce del sole colpisce la terra con un'inclinazione diversa.

La terza modalità esplorativa è quella di affiancamento ovvero con un termine inglese lo *shadowing* (letteralmente "seguire come un'ombra"). Si tratta in questo caso di seguire i soggetti in tutti i momenti della loro giornata. Il riferimento cinematografico in questo caso sono gli angeli de *Il cielo sopra Berlino* di Wim Wenders, che seguono, "sentono", ascoltano.

In questo caso più che nei precedenti è importante per la mise-en-scène della ricerca un lavoro preparatorio corporeo affettivo attraverso il quale prendere coscienza della propria capacità di "sentire" l'altro, né più né meno come gli angeli di Wenders.

Nella sua fase esecutiva il progetto dovrà prevedere:

- una lezione frontale su alcuni temi quali etnografia, paesaggio urbano e flâneur.
- Tre incontri per la visione dei tre film scelti, con focalizzazione sui momenti utili all'esperienza.
- Uno o più incontri di preparazione fisica alla percezione corporeo-affettiva nella consapevolezza che la ricerca etnografica è inevitabilmente condizionata dal nostro vissuto personale ed emozionale.
- Preparazione della *mise-en-scène* ed elaborazione di una strategia 'investigativa'

BIBLIOGRAFIA

Luigi Alfieri, *Il terzo che deve morire*, in Giulio M. Chiodi (a cura di), *Simbolica politica del terzo*, Giappichelli, Torino 1996.

Artonin Artaud, *Il teatro e il suo doppio,* tr. it. Einaudi, Torino 1968.

Hannah Arendt, *Vita activa. La condizione umana*, tr. it. Bompiani, Milano 1999.

Gaston Bachelard, *La poetica della rêverie*, tr. it. Dedalo, Bari 2007.

Georges Balandier, *Il disordine. Elogio del movimento*, tr. it. Dedalo, Bari 1991.

Gregory Bateson, *Mente e natura*, tr. it. Adelphi, Milano 1984.

Gregory Bateson, *Verso un'ecologia della mente*, tr. it. Adelphi, Milano 1976.

Charles Baudelaire, *Poesie e prose*, tr. it. Mondadori, Milano 1973.

Walter Benjamin, *Immagini di città*, tr. it. Einaudi, Torino 2007.

Walter Benjamin, *I Passages di Parigi*, tr. it. Einaudi, Torino 2010.

Hakim Bey, T.A.Z. Zone Temporaneamente Autonome, tr. it. Shake Edizioni, Milano 2007.

William Blake, *Visioni*, tr. it. Mondadori, Milano 1993.

Luther Blisset, *Totò, Peppino e la guerra psichica 2.0*, Einaudi, Torino 2000.

Giovanni Boccia-Artieri, *Lo sguardo virtuale. Itinerari socio-comunicativi nella deriva tecnologica*, Franco Angeli, Milano 1998.

Jorge Luis Borges, *Finzioni*, tr. it. Adelphi, Milano 2003.

Peter Brook, *Il punto in movimento: 1946-1987*, tr. it. Ubulibri, Milano 1988.

Maurizio Balboni Alessandra Comneno, *Pratiche sciamaniche. Il cammino della conoscenza silenziosa*, Anima Edizioni, Milano 2013.

Roger Caillois, *I giochi e gli uomini*, tr. it. Bompiani, Milano 2000.

Massimo Canevacci, *Antropologia della comunicazione visuale*, Meltemi Editore, Roma 2001.

Massimo Canevacci, *Città polifonica*, Edizioni SEAM, Roma 1997.

Massimo Canevacci, *SinKretica*, Bonanno, Roma 2014.

Francesco Careri, *Walkscapes. Camminare come pratica estetica*, Einaudi, Torino 2006.

Ernst Cassirer, *Filosofia delle forme simboliche, vol. II, Il pensiero mitico*, tr. it. La Nuova Italia, Firenze 1994.

Carlos Castaneda, *A scuola dalla stregone*, Astrolabio-Ubaldini, Roma 1970.

Carlos Jesùs Castillejos, *I nuovi veggenti. Fondamenti dell'insegnamento maya-tolteca*, tr. it. Edizioni Chakaruna – Ponte tra i mondi, Milano 2009.

Bruce Chatwin, *Le vie dei canti*, tr. it. Adelphi, Milano 1988.

James Clifford, *I frutti puri impazziscono. Etnografia, letteratura e arte nel secolo XX*, tr. it. Boringhieri, Torino 1993.

Julio Cortàzar, *A Passeggio con John Keats*, tr. it. Fazi, Roma 2014.

Michel de Certeau, *L'invenzione del quotidiano*, tr. it. Edizioni Lavoro, Roma 2001.

Gilles Deleuze, Félix Guattari, *Mille piani. Capitalismo e schizofrenia*, Castelvecchi, Roma 2010.

Gilles Deleuze, *Cos'è un dispositivo*, Cronopio, Napoli 2007.

Thomas Stearn Eliot, *Opere*, tr. it. Bompiani, Milano 2003.

Clifford Geertz, *Interpretazione di culture*, tr. it. Il Mulino, Bologna 1998.

Erving Goffman, *La vita quotidiana come rappresentazione*, tr. it. Il Mulino, Bologna 1997.

Werner Herzog, *Incontri alla fine del mondo*, tr. it. Minimum Fax, Roma 2014.

Herman Hesse, *L'arte dell'ozio*, tr. it., Mondadori, Milano 1998.

Herman Hesse, *Demian*, tr. it. Mondadori, Milano 1988.

James Hillman, *L'anima dei luoghi*, Rizzoli, Milano 2004.

Dell Hymes, *Antropologia radicale*, Bompiani Editore, Milano 1979

Milan Kundera, *L'insostenibile leggerezza dell'essere*, tr. it. Adelphi, Milano 1989.

Massimo Ilardi, *In nome della strada. Libertà e violenza*, Meltemi Editore, Milano 2002.

Alejandro Jodorowsky, *Psicomagia*, tr. it. Feltrinelli, Milano 2013.

Franco La Cecla, *Perdersi. L'uomo senza ambiente*, Laterza, Bari 1988.

Davide Le Breton, *Il mondo a piedi. Elogio della marcia*, tr. it. Feltrinelli, Milano, 2001.

Michel Leiris, *Biffures*, tr. it. Einaudi, Torino 1979

Davide Lynch, *In acque profonde. Medizioni e creatività*, tr. it. Mondadori. Milano 2008.

Michel Maffesoli, *Del Nomadismo. Per una sociologia dell'erranza*, tr. it. Franco Angeli, Milano 2000.

Gabriel Garcìa Marquez, *L'amore al tempo del colera*, Mondadori, Milano 2005.

Fabio Natali, *L'ambigua natura della frontiera*, Quattroventi, Urbino 2007.

Friedrich Nietzsche, *Umano, troppo umano, II* [1886], tr. it. Adelphi, Milano 1986.

Giampolo Nuvolati, *L'interpretazione dei luoghi*, Firenze University Press, Firenze 2013

Edgar Allan Poe, *Una discesa nel Maelstrom*, in *I racconti*, tr. it. Einaudi, Torino 2009.

Francesco Remotti, Introduzione in Arnold Van Gennep, *I riti di passaggio*, tr. it. Boringhieri, Torino 1981.

Arthur Rimbaud, *Opere*, tr.it. Mondadori, Milano 1992.

Renato Rosaldo, *Cultura e verità. Rifare l'analisi sociale*, tr.it. Meltemi Editore, Roma 2001.

Majid Rahnema, Jean Robert, *La potenza dei poveri*, Jaca Book, Milano 2010

Marshall Sahlins, *La lanterna dell'antropologo*, Medusa Edizioni, Milano 2011.

Richard Schechner, *Magnitudini della performance*, Bulzoni, Roma 1999.

Georg Simmel, *Sociologia*, tr. it. Edizioni di Comunità, Torino 1998.

Saillant, Kilani, Bideau, Favole, *Per un'antropologia non egemonica. Il Manifesto di Losanna*, Milano 2012 (Pierre Joseph Laurent e François Laplantine)

Henry David Thoreau, *Camminare*, tr. it. SE, Milano 1989.

Victor Turner, *Antropologia della performance*, tr. it. Il Mulino, Bologna 1993.

Paul Valery, *Quaderni II*, Adelphi, Milano 1986.